# 电客车驾驶

主　编　张小宏
副主编　冯亚军
主　审　禹建伟

重庆大学出版社

# 内容提要

本书以西安市轨道交通集团运营分公司标准化基础管理文件为基础,内容涵盖电客车司机在值乘期间的必备专业知识,为电客车司机提供行车组织、车辆及信号基础、故障处理及一次作业流程应急处理等方面的有关规定,为电客车司机的操作提供技术支持。

**图书在版编目(CIP)数据**

电客车驾驶 / 张小宏主编. --重庆:重庆大学出版社,2019.12
高等职业教育城市轨道交通专业规划教材
ISBN 978-7-5689-1758-2

Ⅰ.①电… Ⅱ.①张… Ⅲ.①电动汽车—汽车驾驶—高等职业教育—教材 Ⅳ.①U471.1

中国版本图书馆 CIP 数据核字(2019)第 182792 号

## 电客车驾驶

主　编　张小宏
副主编　冯亚军
主　审　禹建伟
策划编辑:周　立

责任编辑:李定群　　版式设计:周　立
责任校对:邹　忌　　责任印制:张　策

\*

重庆大学出版社出版发行
出版人:饶帮华
社址:重庆市沙坪坝区大学城西路 21 号
邮编:401331
电话:(023) 88617190　88617185(中小学)
传真:(023) 88617186　88617166
网址:http://www.cqup.com.cn
邮箱:fxk@ cqup.com.cn (营销中心)
全国新华书店经销
重庆俊蒲印务有限公司印刷

\*

开本:787mm×1092mm　1/16　印张:8　字数:187千
2020 年 4 月第 1 版　2020 年 4 月第 1 次印刷
印数:1—3 000
ISBN 978-7-5689-1758-2　定价:39.50 元

# 编审委员会 （排名不分先后）

城市轨道交通正以其不可替代的优越性成为我国城市交通发展新的热点和重点。截至 2018 年 8 月，我国已有 35 个城市开通了地铁等城市轨道交通系统，其建成极大地方便了人们的出行。

城市轨道交通系统设备先进、结构复杂，高新技术广泛应用，要保障这样一个庞大系统的安全和高效，必须依靠与之相匹配的高素质员工。轨道交通行业员工队伍中一半以上是技术工人，他们是企业的主体，他们的素质直接关系着企业的生存和发展。因此，只有培养一批责任心强、业务过硬、技艺精的能工巧匠，才能确保安全运营生产，提升工作效率，提高非正常情况下的应急处置水平。岗位技能培训是人才培养的重要途径，是提高企业核心竞争力的重要手段，而岗位技能培训的过程和结果需要相应的培训教材作为技术支撑。

本书以西安市轨道交通集团运营分公司标准化基础管理文件为基础，借鉴西安地铁 2 号线开通运营以来多年的乘务运作经验编写。全书共 9 章，内容包括行车组织基础、电客车司机岗位基础知识、车辆、信号、供电、通信、电客车司机初级工职业技能、乘务运作、安全应急常识等知识。全书涵盖了电客车司机在值乘期间的必备专业知识，为电客车司机提供行车组织、车辆及信号基础、故障处理、一次作业流程应急处理等方面的有关规定，为电客车司机的正线运营操作提供技术支持。本书既可作为开展城市轨道交通行业特有工种职业技能鉴定的依据，又可作为运营和设备检修人员岗位技能提升的培训教材。

由于编写人员经验不足，本书难免在内容与层次方面有不当之处，敬请批评指正，提出宝贵意见和建议。

本教材主要编写人员：张小宏、冯亚军、王力、范宝亮、翟爱生、赵振邦、程阳、孔研。

本教材视频制作人员：田飞鹏、李凯、程永强、王靖。

本教材评审人员：禹建伟、郑西同、王利东、刘影、王朋国、商明君、李永亮、陈扶崑、贾练虎、景亚斌、宋娟、王宇飞、陈争、付磊。

编写委员会
2020 年 1 月

# MULU 目录

项目一　行车组织基础 ·········································· 1

任务 1.1　行车安全的基础概念 ······························· 1

任务 1.2　电客车司机的岗位职责与要求 ······················· 2

任务 1.3　行车信号 ········································· 3


项目二　电客车司机岗位基础知识 ······························· 9

任务 2.1　线路的限界 ······································· 9

任务 2.2　轨道线路的组成 ··································· 9


项目三　车辆 ················································ 14

任务 3.1　车辆基础 ········································· 14

任务 3.2　驾驶室设备 ······································· 16

任务 3.3　车钩 ············································· 26

任务 3.4　车门 ············································· 30

任务 3.5　制动与牵引 ······································· 37


项目四　信号 ················································ 46

任务 4.1　信号系统的基本概念 ······························· 46

任务 4.2　系统功能及进路组成 ······························· 47

任务 4.3　信号机的显示及意义 ······························· 53

任务 4.4　列车自动控制系统(ATC)的系统构成 ················· 53

任务 4.5　移动闭塞信号系统 ································· 55


项目五　供电 ················································ 56

任务 5.1　供电系统的基本组成与主要功能 ····················· 56

任务 5.2　牵引供电系统的组成与功能 ……………………………………… 57
任务 5.3　接触网介绍 ……………………………………………………… 59

## 项目六　通信 …………………………………………………………… 60
任务 6.1　通信系统的组成及功能 ………………………………………… 60
任务 6.2　调度电话的设置与使用 ………………………………………… 63

## 项目七　电客车司机初级工职业技能 ……………………………… 64
任务 7.1　列车整备作业标准 ……………………………………………… 64
任务 7.2　电客车司机车辆应急故障处理指南 …………………………… 71
任务 7.3　电客车司机信号应急故障处理指南 …………………………… 94
任务 7.4　列车冲欠标故障处理 …………………………………………… 99

## 项目八　乘务运作 …………………………………………………… 104
任务 8.1　电客车司机一次作业流程 …………………………………… 104

## 项目九　安全应急常识 …………………………………………… 109
任务 9.1　运营列车应急常识 …………………………………………… 109
任务 9.2　运营列车应急广播用语 ……………………………………… 111
任务 9.3　电客车司机救援程序 ………………………………………… 113
任务 9.4　应急处理 ……………………………………………………… 115

## 附　录 ………………………………………………………………… 117
附录 A　2 号线司机台及控制柜 ………………………………………… 117
附录 B　西安地铁 2 号线线路信号布置示意图 ………………………… 118

# 项目一　行车组织基础

## 任务 1.1　行车安全的基础概念

### 1.1.1　城市轨道交通运输的特点

城市轨道交通是城市公共交通工具,因此有着区别于其他交通工具以及其他轨道交通运输工具的特点。

#### (1)全部为旅客输送服务

城市轨道交通列车是旅客输送设施,不具备其他运输任务和其他相关运输的设施,不进行货物运输等。由于全部承担客运任务,因此,对列车整体环境设置与车站整体设置有较高要求,以确保相应的舒适度与安全要求。

#### (2)运营距离较短,具有日客流峰谷

城市轨道交通运输与航海和航空运输以及铁路和长途路上运输相比,其运输过程和距离较短,是较典型的城市短途客运行形式。但是,其客流量相对集中,有较明显的客流分布的时间差异,存在着日客流高峰与日客流低谷的现象。

#### (3)网络和辐射能力

具有与其他城市交通工具相联系的网络和辐射能力。

### 1.1.2　行车组织总则

①地铁运营管理行车组织工作,以安全运送乘客、满足设备维护的需要,按《运营时刻表》的要求,实现安全、准点、舒适、快捷的运营服务为宗旨。各单位、各部门必须在集中领导、统一指挥的原则下,紧密配合、协调动作,确保行车和乘客安全,完成各项工作任务。

②地铁运营的行车组织指挥工作,必须坚持安全生产的方针,贯彻高度集中、统一指挥、逐级负责的原则。

③行车组织工作的基础,凡与列车运行有关的各部门都必须根据《运营时刻表》的要求组织本部门的工作。

④本标准是地铁运营组织、管理的基本规则,地铁员工必须认真学习,严格执行;各部门及车间(室、分部)必须按本标准的原则和要求,结合本部门的特点,制订各相关的规程、规范、手册、细则、办法等。

# 任务 1.2　电客车司机的岗位职责与要求

电客车司机具有地铁公司颁发的《电客车司机驾驶证》,负责驾驶电客车在正线上运行及在车场内的调车作业、电客车调试和电客车运作的安全。

电客车乘务员是电客车司机和电客车学员的统称。

## 1.2.1　电客车司机的职责

电客车司机的职责如下:

①负责按《运营时刻表》的要求驾驶电客车,严格执行各项规章制度,确保客车安全、准点、快捷、舒适地投入服务,保证运营期间行车和人身安全。

②司机在正线听从行调统一指挥,在场段听从场段调度统一指挥。

③负责确认行车凭证,瞭望前方线路,发现危及行车及人身安全时,立即采取紧急措施。

④负责正线客车运营和场段调车作业的安全。

⑤负责应急处理,发生突发事件时,马上报告行调,冷静、果断、及时地处理,尽快恢复列车运营。

⑥监督学员或其他人员按章作业,确保行车安全。

⑦值乘司机遇身体不适,应及时转告派班员或客车队长,请求协助,避免影响正线服务,服从客车队长及派班员的安排,确保工作顺利完成。

⑧备用司机应根据行调指示随时做好开行备用车的准备。

⑨在进行工作联系时,应采用行车标准用语,统一采用普通话进行联系,涉及阿拉伯数字联系时应规范如下:洞(0)、幺(1)、两(2)、叁(3)、肆(4)、伍(5)、陆(6)、拐(7)、捌(8)、玖(9)。

⑩出勤按时正点提前出勤、准时出乘,请假必须按有关规定提前办理。

## 1.2.2　行为举止

电客车司机的行为举止要求如下:

①在岗位上不得聊天、说笑、追逐打闹或做与岗位工作无关的事,如看书、看报、吃东西、会客等影响服务的行为。

②如因列车故障,司机需进入客室操作设备,必须保证举止得当,不得冲撞乘客。如需乘客配合,应礼貌进行协商,不得有强制行为。

③在岗时要精神饱满、举止大方、行为端正。

### 1.2.3　文明服务

电客车司机的文明服务要求如下:

①司机在换乘室接听电话时,应使用普通话说:"您好,××换乘室。"

②与乘客交流应根据乘客的不同身份使用恰当的称呼用语,如先生、小姐、小朋友、大爷、大妈、同志等。

③当列车自动报站故障或其他情况需要人工报站或播放清客广播时,应使用普通话保持语调沉稳、圆润,语速适中,音量适宜,避免声音刺耳或使乘客惊慌。

④在终点站,遇乘客询问如何坐车时,应说:"请您在这边候车。"并指引乘客到正确的候车地点。

⑤在站台扣车或区间临时停车(如送工作人员到区间泵房抢修等),需播放临时停车广播安抚乘客。

⑥列车对标不准,需要二次启动时,必须做好人工广播:"各位乘客请注意,列车将再次启动,请站好、扶稳。"

⑦在站台立岗有乘客求助时,应主动解答。若因时间等原因不能为乘客解答,应礼貌地说:"先生/小姐,对不起,请找车站工作人员处理。"并立即用对讲机通知站台岗或车控室。

⑧接待乘客的投诉,态度要和蔼、礼貌谦让,不得讲斗气、噎人、训斥、顶撞、说过头及不在理的话。

# 任务 1.3　行车信号

### 1.3.1　车辆段/停车场信号显示方式

#### (1)入场段信号机采用四显示

红灯——禁止越过该架信号机。

黄灯——允许入段/场。

红灯+黄灯——引导信号。

月白灯——允许调车。

**(2)出库信号机三显示**

红灯——禁止越过该架信号机。

黄灯——允许出库至总出段信号机外方。

月白灯——允许越过该架信号机调车。

**(3)调车信号机采用两显示**

蓝(红)灯——禁止越过该架信号机。

月白灯——允许调车。

**(4)试车线两端尽头设置阻拦信号机采用一显示**

试车线两端尽头设置阻拦信号机采用一显示,固定显示红色灯光,禁止机车车辆越过该信号机。

## 1.3.2　正线信号显示方式

**(1)道岔防护信号机采用五显示**

绿灯——进路排列至下一个信号机,允许列车在线路限速条件下运行。

黄灯——进路开放至下一个信号机,至少一组道岔在反位且锁闭,允许列车在道岔开通方向以道岔允许速度在线路限速条件下运行。

红灯+黄灯——引导信号,列车应以低于 25 km/h 的速度通过。

红灯——绝对停止信号,不允许列车越过此信号机。

灭灯——CTC 列车可越过,非 CTC 列车禁止越过。

**(2)出站信号机和区间信号机采用四显示**

绿灯——进路排列至下一个信号机,允许列车在线路限速条件下运行。

红灯+黄灯——引导信号,列车应以低于 25 km/h 的速度通过。

红灯——绝对停止信号,不允许列车越过此信号机。

灭灯——CTC 列车可越过,非 CTC 列车禁止越过。

**(3)道岔防护兼出站信号机采用五显示**

绿灯——进路排列至下一个信号机,允许列车在线路限速条件下运行。

黄灯——进路开放至下一个信号机,至少一组道岔在反位且锁闭,允许列车在道岔开通方向以道岔允许速度在线路限速条件下运行。

红灯+黄灯——引导信号,列车应以低于 25 km/h 的速度通过。

红灯——绝对停止信号,不允许列车越过此信号机。

灭灯——CTC 列车可越过,非 CTC 列车禁止越过。

**(4)出港段场信号机采用三显示**

红灯——禁止越过该架信号机。

绿灯——允许出段/场。

红灯+黄灯——引导信号,列车应以不低于 25 km/h 的速度通过。

### (5)阻挡信号机设置在线路的终端

每个阻挡信号机都有两个 LED 灯位,但只有一个红灯位有显示。禁止机车车辆越过该信号机,对 CTC 列车该信号机不会灭灯。

## 1.3.3 手信号(在地下车站显示手信号时按夜间方式显示)

### (1)手信号的显示

特殊情况下,列车运行时有关人员应遵守下列手信号的显示,见表 1.1。

表 1.1 手信号的显示

| 序号 | 手信号类别 | 显示方式 | |
| --- | --- | --- | --- |
| | | 昼 间 | 夜 间 |
| 1 | 停车信号:要求列车停车 | 展开的红色信号旗,无信号旗时,两臂高举头上,向两侧急剧摇动 | 红色灯光 |
| 2 | 紧急停车信号:要求司机紧急停车 | 展开红旗下压数次,无信号旗时,两臂高举头上,向两侧急剧摇动 | 红色灯光下压数次 |
| 3 | 减速信号:要求列车降低速度运行 | 展开的黄色信号旗 | 黄色信号灯光 |
| 4 | 发车信号:要求司机发车 | 展开的绿色信号旗上弧线向列车方向作圆形转动 | 绿色灯光上弧线向列车方向作圆形转动 |
| 5 | 通过信号:准许列车由车站通过 | 展开的绿色信号旗 | 绿色灯光 |
| 6 | 引导信号:准许列车进入车站或车辆段/停车场 | 展开黄色信号旗高举头上左右摇动 | 黄色灯光高举头上左右摇动 |
| 7 | 好了信号:某项作业完成 | 用拢起信号旗向列车方向作圆形转动 | 白色灯光向列车方向圆形转动 |
| 8 | 降弓信号 | 左臂垂直高举,右臂前伸并左右水平重复摇动 | 白色灯光上下左右重复摇动 |
| 9 | 升弓信号 | 左臂垂直高举,右臂前伸上下重复摇动 | 白色灯光作圆形转动 |

### (2)调车手信号

调车手信号见表 1.2。

表 1.2　调车手信号

| 序号 | 调车手信号 类别 | 显示方式 昼 间 | 显示方式 夜 间 |
|---|---|---|---|
| | 类别 | 昼 间 | 夜 间 |
| 1 | 停车信号 | 展开的红色信号旗,无红色信号旗时,两臂高举头上,向两侧急剧摇动 | 红色灯光,无红色灯光时,用白色灯光上下急剧摇动 |
| 2 | 减速信号 | 展开的绿色信号旗下压数次 | 绿色灯光下压数次 |
| 3 | 指挥列车或车辆向显示人方向来的信号 | 展开的绿色信号旗在下方左右摇动 | 绿色灯光在下方左右摇动 |
| 4 | 指挥列车或车辆向显示人反方向去的信号 | 展开的绿色信号旗上下摇动 | 绿色灯光上下摇动 |
| 5 | 指挥列车或车辆向显示人方向稍行移动的信号(包括连挂) | 左手拢起红色信号旗直立平举,右手展开的绿色信号旗在下方左右小摆动 | 绿色灯光下压数次后,再左右小摇动 |
| 6 | 指挥列车或车辆向显示人反方向稍行移动的信号(包括连挂) | 左手拢起红色信号旗直立平举,右手展开的绿色信号旗在下方上下小摇动 | 绿色灯光平举上下小摇动 |
| 7 | 三、二、一车距离信号:表示推进车辆的前端距被连挂车辆的距离 | 右手展开的绿色信号旗下压三、二、一次,分别表示距停留车三车(约60 m)、二车(约40 m)、一车(约20 m) | 绿色灯光平举下压三、二、一次,分别表示距停留车三车(约60 m)、二车(约40 m)、一车(约20 m) |
| 8 | 连挂作业 | 两臂高举头上,拢起的手信号旗杆成水平末端相接 | 红、绿色灯光(无绿色灯用白色灯光代替)交互显示数次 |
| 9 | 试拉信号(连挂好后试拉) | 按本表第6项的信号显示,当列车启动后立即显示停车信号 | |
| 10 | 取消信号:通知前发信号取消 | 拢起的手信号旗,两臂于前下方交叉后,左右摇动数次 | 红色灯光作圆形转动后,上下摇动 |
| 11 | 停留车位置信号:表示车辆停留地点 | | 白色灯光左右小摇动 |
| 12 | 道岔开通信号:表示进路道岔准备妥当 | 绿色信号旗展开高举头上左右小摇动 | 绿色灯光高举头上左右小摇动 |

### (3)特殊情况下接发列车时显示手信号的时机和地点

特殊情况下接发列车时显示手信号的时机和地点见表1.3。

表 1.3　特殊情况下接发列车时显示手信号的时机和地点

| 手信号类别 | 何种情况下显示 | 显示时机 | 收回时机 | 显示地点 |
|---|---|---|---|---|
| 紧急停车信号 | 工程列车进站或通过车站,出现危及行车安全情况;电客车进站,发现危及行车安全情况,但来不及按压站台紧急停车按钮或紧急停车按钮不起作用时 | 立即显示 | 列车停车后 | 就近显示 |
| 减速信号 | 发现工程列车或电客车超速时 | 立即显示 | 列车头部越过信号显示地点后 | 头端墙侧扶梯口,靠近紧急停车按钮附近 |
| 引导手信号 | | 看见列车头部灯开始 | 列车头部越过信号显示地点后 | 来车方向屏蔽门端门外 |
| 好了信号 | 车站相关作业完成时 | | 相互联控后 | 在便于司机辨认的前提下,完成相关作业后可就地显示 |

### (4)试验列车自动制动机的手信号显示方式

1)制动

①昼间——绿色信号旗拢起高举,或徒手单臂高举。

②夜间——白色灯高举。

2)缓解

①昼间——用拢起的绿色信号旗在下部左右摇动。

②夜间——白色灯光在下部左右摇动。

3)试验完了(或其他作业完成的显示)

①昼间——用拢起的绿色信号旗作圆形转动。

②夜间——白色灯光作圆形转动。

### (5)音响信号

音响信号:长声为3 s,短声为1 s,间隔为1 s。重复鸣示时,须间隔5 s以上。

电客车、车组、工程车、轨道车等列车的鸣示方式见表1.4。

表 1.4　列车的鸣示方式

| 序号 | 名　称 | 鸣示方式 | 使用时机 |
|---|---|---|---|
| 1 | 启动注意信号 | 一长声 | ①列车启动或机车车辆前进时(双机牵引时,本务机车鸣笛后,尾部机车应回示,本务机车再鸣笛一长声后启动)<br>②接近车站、鸣笛标、隧道、施工地点、使用黄色信号、使用引导信号、天气不良时<br>③在区间停车后,继续运行时,通知车长时<br>④电客车在检修及整备中,准备降下或升起受电弓时 |
| 2 | 退行信号 | 二长声 | 电客车、机车车辆、单机开始退行 |
| 3 | 召集信号 | 三长声 | 要求防护人员撤回时 |
| 4 | 呼唤信号 | 二短一长声 | ①电客车或机车要求出入车辆段/停车场时<br>②在车站要求显示信号时 |
| 5 | 警报信号 | 一长三短声 | ①发现线路有危及行车安全的不良处所时<br>②列车发生大事故或重大事故及其他需要救援情况时<br>③列车在区间内停车后,不能立即运行,通知车长时 |
| 6 | 试验自动制动机复示信号 | 一短声 | ①试验制动机开始减压时<br>②接到试验制动结束的手信号,回答试风人员时<br>③调车作业中,表示已接收调车员所发出的信号时 |
| 7 | 缓解信号 | 二短声 | 试验制动机缓解时 |
| 8 | 紧急停车信号 | 连续短声 | 司机发现邻线发生障碍,向邻线上运行的列车发出紧急停车信号时,邻线列车司机听到后,应立即紧急停车 |

## (6)徒手信号

调车员或管理人员及行车有关人员检查工作或遇列车救援、发生紧急情况,没有携带信号灯或信号旗时,可用徒手信号显示。徒手信号显示方式见表 1.5。

表 1.5　徒手信号显示方式

| 序号 | 徒手信号类别 | 显示方式 |
|---|---|---|
| 1 | 紧急停车信号(含停车信号) | 两手臂高举头上,向两侧急剧摇动 |
| 2 | 三、二、一车信号 | 单臂平伸后,小臂竖直向外压直,反复三次为三车、两次为二车、一次为一车 |
| 3 | 连挂信号 | 紧握两拳头高举头上,拳心向里,两拳相碰数次 |
| 4 | 试拉信号 | 如本表第 5 或第 6 项,当列车刚启动马上给停车信号(第 1 项) |
| 5 | 向显示人方向稍行移动 | 左手高举直伸,右手平伸小臂左右摇动 |
| 6 | 向显示人反方向稍行移动 | 左手高举直伸,右手向下斜伸,小臂上下摇动 |
| 7 | 好了信号 | 单臂向列车运行方向上弧圈作圆形转动 |

# 项目二　电客车司机岗位基础知识

## 任务 2.1　线路的限界

一切建筑物,在任何情况下,不得侵入地铁建筑限界;一切设备,在任何情况下,不得侵入地铁设备限界;机车、车辆无论空、重状态,均不得超出机车、车辆限界。限界应符合站台边缘至线路中心线的水平距离规定,即 1 510 mm。

## 任务 2.2　轨道线路的组成

### 2.2.1　道岔

（1）道岔的作用
道岔是机车车辆从一股道转入或越过另一股道时必不可少的线路设备。
（2）道岔的基本形式
道岔的基本形式有线路的连接、交叉、连接与交叉的组合。
（3）线路的连接
线路的连接有单式道岔和复式道岔。
（4）交叉
交叉有直交叉和菱形交叉。
（5）连接与交叉
连接与交叉有交分道岔和交叉渡线等。

## 2.2.2 道岔的分类

道岔可分为普通单开道岔、交叉渡线道岔、菱形交叉道岔、双开道岔、三开道岔及复式交分道岔等,如图 2.1—图 2.6 所示。

图 2.1 普通单开道岔

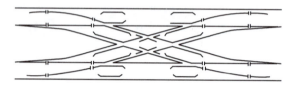

图 2.2 交叉渡线道岔

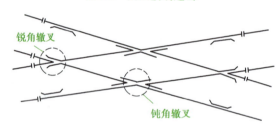

图 2.3 菱形交叉道岔

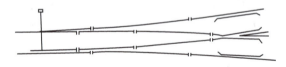

图 2.4 双开道岔

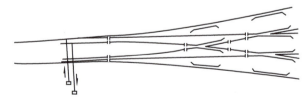

图 2.5 三开道岔

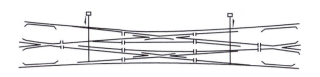

图 2.6　复式交分道岔

### 2.2.3　道岔的分向

**(1)对向道岔**

列车运行方向先到尖轨再到辙叉的道岔,称为对向道岔。

**(2)顺向道岔**

列车运行方向先到辙叉再到尖轨的道岔,称为顺向道岔。

### 2.2.4　单开道岔的组成

单开道岔的转辙器是引导机车车辆沿主线方向或侧线方向行驶的线路设备。它由两根基本轨、两根尖轨、各类联接零件及道岔转换设备组成。

**(1)基本轨**

通常,道岔中不设轨底坡,为改善钢轨的受力条件,提速道岔中基本轨设有 1:40 的轨底坡。基本轨除承受车轮的垂直压力外,还与尖轨共同承受车轮的横向水平力。为防止基本轨的横向移动,可在外侧设置轨撑。

**(2)尖轨**

①尖轨是转辙器中的重要部件,依靠尖轨的扳动,将机车车辆引入正线或侧线方向。

②尖轨在平面上可分为直线型和曲线型。7 号道岔和 9 号道岔尖轨为直线型。

**(3)转辙器上的零配件**

1)滑床板

尖轨放置于滑床板上,与滑床板间无扣件联接。

2)轨撑

防止基本轨颠覆、扭转和纵横向的移动。安装于基本轨外侧。

3)顶铁

将尖轨承受的横向水平力传给基本轨。

4)各种特殊形式的垫板

如铺设在尖轨之前的辙前垫板和之后的辙后垫板,铺设在尖轨尖端和尖轨跟端的通长垫板,以及为保持导曲线的正确位置而设置的支距垫板等。

5)道岔拉杆和连接杆

道岔拉杆联接两根尖轨,并与转辙设备相联,以实现尖轨的摆动,故称转辙杆。连接杆为联接两根尖轨的杆件,其作用是加强尖轨间的联系,提高尖轨的稳定性。

6)转辙机械

最常用的道岔转换设备的种类有机械式和电动式。按操作方式分类,可分为集中式和非集中式两类。机械式转换设备可分为集中式和非集中式。电动式转换设备则为集中式。道岔转换设备必须具备转换(改变道岔方向)、锁闭(锁闭道岔、在转辙杆中心处尖轨与基本轨之间,不允许有 4 mm 以上的间隙)和显示(显示道岔的正位和反位)3 种功能。

(4)辙叉及护轨

辙叉是使车轮由一股钢轨越过另一股钢轨的设备。辙叉由叉心、翼轨和联接零件组成。

辙叉按平面形式分,可分为直线辙叉和曲线辙叉两类;按结构形式,可分为固定辙叉和活动辙叉两类。单开道岔上,以直线式固定辙叉最为常见。

(5)连接部分

①连接部分是转辙器和辙叉之间的连接线。

②连接部分包括直股连接线和曲股连接线(也称导曲线),直股连接线与区间线路构造基本相同。导曲线的平面形式可以是圆曲线、缓和曲线或变曲率曲线。

## 2.2.5　道岔开通左右位的判别

面对尖轨,尖轨和左基本轨密贴的道岔开通右位。

面对尖轨,尖轨和右基本轨密贴的道岔开通左位。

## 2.2.6　道岔号讲解

道岔因其辙叉角的大小不同,有不同的道岔号($N$)。道岔号数表明了道岔各部分的主要尺寸。对道岔号,我们习惯用辙叉角($\alpha$)的余切值表示,如图 2.7 所示。也就是辙叉心部分直角三角形两条直角边 $FE$ 和 $AE$ 的比值,即

$$N = \cot \alpha = \frac{FE}{AE}$$

式中　$N$——道岔号。

显而易见,辙叉角 $\alpha$ 越小,$N$ 值就越大,导曲线半径也越大,列车侧线通过道岔时就越平稳,允许过岔速度也就越高。

图 2.7　道岔号数计算示意图

采用大号道岔对列车运行是有利的。不过,事物总有它的两面性,道岔号数越大,道岔越长,造价自然就高,占地也更多。因此,采用什么号数的道岔要因地制宜、因线而异,不可一概而论。例如,西安地铁 2 号线车厂内(除试车线外)采用是 7 号道岔,正线上采用的是 9 号道岔。

# 项目三　车　辆

## 任务 3.1　车辆基础

车辆(西安地铁 2 号线)总体上按以下两个子系统构成:

①机械部分。包括车体、转向架、车钩及缓冲装置、制动系统、空调通风系统。

②电气部分。包括电力牵引系统、辅助供电系统、列车控制和故障诊断系统、乘客信息系统。

车辆是地铁系统中最关键也是最复杂的设备。它是多专业综合性的产品,涉及机械、电气、控制、材料等多领域。总之,车辆是通过各个相对独立的子系统有机地构成在一起,共同来实现列车的安全、可靠、高品质运行的。

### (1)车辆主要尺寸

| | |
|---|---|
| 车体长:中间车 | 19 000 mm |
| 　　　带司机室的拖车 | 19 500 mm |
| 车辆高度(不含受电弓) | 3 790 mm |
| 车体宽度 | 2 800 mm |
| 转向架轴距 | 2 200 mm |
| 车钩高度 | 660 mm |

### (2)车轮直径

| | |
|---|---|
| 新轮直径 | 840 mm |
| 半磨耗轮 | 805 mm |
| 最大磨耗轮 | 770 mm |

### (3)车辆形式

| | |
|---|---|
| Tc 车 | 有司机室的拖车 |
| T 车 | 无司机室的拖车 |
| M 车 | 不带受电弓的动车 |
| Mp 车 | 带受电弓的动车 |

**(4)列车编组方式**

采用6辆编组列车　　　　　　=Tc * Mp * M * T * Mp * Tc=

二　　　　　　　　　　　　　半自动车钩

*　　　　　　　　　　　　　半永久牵引杆

**(5)供电参数**

供电方式　　　　　　　　　架空接触网(隧道内采用刚性接触网,隧道外采用柔性接触网)

供电电压(额定)　　　　　　DC 1 500 V

电压变化范围　　　　　　　DC 1 000~1 800 V

再生制动时不高于　　　　　DC 1 980 V

车辆载客能力见表3.1。

表3.1　车辆载客能力/人

| 列车载客状态 | 单车 | | 列车 |
|---|---|---|---|
| | Tc 车 | M,T,Mp 车 | 6 辆编组 |
| 空车(AW0) | 0 | 0 | 0 |
| 座席(AW1) | 36 | 42 | 240 |
| 定员(AW2) | 226 | 254 | 1 468 |
| 超员(AW3) | 290 | 325 | 1 880 |

车辆自重:

Tc 车　　　　　　　　　　约30 t

T 车　　　　　　　　　　 约29 t

M,Mp 车　　　　　　　　 约35 t

**(6)速度**

最高运行速度　　　　　　　80 km/h

平均旅行速度　　　　　　　≥35 km/h

通过洗车机稳定运行速度　　3 km/h

平均制动减速度　　　　　　在额定载员情况下,在平直干燥轨道上,车轮半磨耗状态,列车在最高运行速度80 km/h 时,从给出制动指令到停车

最大常用制动　　　　　　　≥1.0 m/s²

紧急制动　　　　　　　　　≥1.2 m/s²

电阻制动能力　　　　　　　仅实施电阻制动时,列车可达到的平均减速度应不小于0.8 m/s²

计算用黏着系数　　　　　　0.16

# 3.2 驾驶室设备

## 3.2.1 司机室电气设备

司机室电气设备主要包括司机台、控制屏柜、综合屏柜、司机室照明、司机室电热、前照灯、刮雨器、电热玻璃、遮阳帘、终点站显示器、左/右侧屏、车载无线电系统、车载 PIS 系统、ATO 系统及司机室线槽等。这些电气设备与客室内电气设备及车下电气设备共同完成车辆的牵引、制动、开关门、空调、照明、广播、紧急对讲、客室监视及列车自动控制、车辆通信、车辆与地面通信等功能。

司机室设备布置如图 3.1 所示。

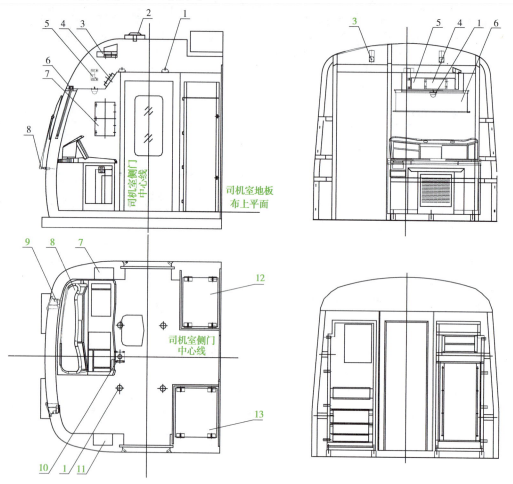

图 3.1 司机室设备布置图

1—筒灯；2—无线电台天线；3—ATO 天线；4—客室状态监视器；
5—终点站显示器；6—遮阳帘；7—右侧屏；8—司机台；9—前照灯；
10—扬声器；11—左侧屏；12—控制柜；13—综合柜

### 3.2.2  司机台

司机台只装在 Tc 车上,供司机驾驶列车用。

在结构上,整个司机台分为两部分:台面设备和台下箱柜。司机台台面采用玻璃钢材料,台下箱柜采用钢板材料。整个司机台在底部通过螺栓与车体固定。

在功能上,司机台分为列车牵引控制、制动控制、门控制、无线电台控制、空调控制、自动列车控制、前照灯控制及列车故障诊断等。司机台台面设有无线电台控制器、监控显示屏、ATO 显示屏、双针压力表、司机控制器、按钮及指示灯等。

司机台左侧柜设有车载电台主机、司机台用电气连接器;右侧柜内有刮雨器水箱。司机台布置图如图 3.2 所示。司机台台面布置如图 3.3 所示。

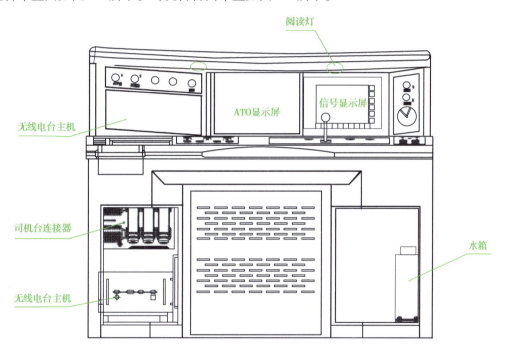

图 3.2  司机台布置图

司机台指示灯明细表见表 3.2。司机台按钮板 1 至按钮板 4 的明细见表 3.3—表 3.6。

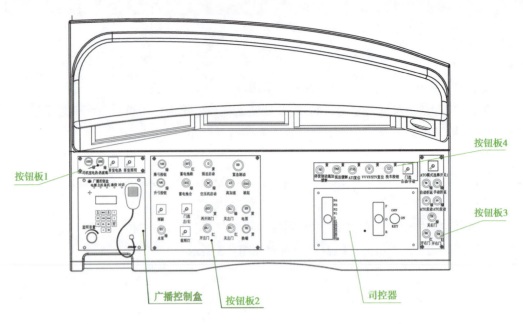

按钮板1

按钮板4

按钮板3

广播控制盒    按钮板2    司控器

图3.3    司机台台面布置图

表3.2    司机台指示灯明细表

| 代 号 | 名 称 | 型 号 | 作 用 |
|---|---|---|---|
| 4HL01 | "门允许"指示灯 | LA423D/DC110G | 可以开门指示 |
| 4HL02 | "门关好"指示灯 | LA423D/DC110G | 所有门关好指示 |
| 4HL03 | 制动不缓解指示灯 | LA423D/DC110R | 制动不缓解指示 |
| 4HL04 | ATP 切除指示灯 | LA423D/DC110R | ATP 切除指示 |
| 4HL05 | 开门短接指示灯 | LA423D/DC110R | 开门短接指示 |
| 4HL06 | 紧急制动施加指示灯 | LA423D/DC110R | 紧急制动施加指示 |
| 4HL07 | ATI 故障指示灯 | LA423D/DC110R | ATI 故障指示 |

表3.3    司机台按钮板 1 明细表

| 代 号 | 名 称 | 型 号 | 作 用 |
|---|---|---|---|
| 6SB01 | 电热玻璃 | LA423PS-10/G | 电热玻璃控制 |
| 6SB02 | 司机室电热 | LA423PS-10/G | 司机室电热控制 |
| 5SC01 | 客室照明 | LW42A2-2713 | 客室照明控制 |
| 6SC02 | 客室电热 | LW42C2-11058/L | 客室电热控制 |

表 3.4　司机台按钮板 2 明细表

| 代　号 | 名　　称 | 型　　号 | 作　　用 |
|---|---|---|---|
| OBTS | 蓄电池断 | LA423P-10/R | 切断蓄电池 |
| CBTS | 蓄电池合 | LA423P-10/G | 闭合蓄电池 |
| PAND | 降弓按钮 | LA423P-10/G | 降受电弓 |
| PANU | 升弓按钮 | LA423P-10/G | 升受电弓 |
| HSB | 电笛 | LA423P-10/Y | 电笛 |
| AOCD1 | 再开闭门 | KRTGBMTII | 门未开\闭好再开\闭 |
| CDL1 | 关左门 | KRTGNMTII | 关左门 |
| ODL1 | 开左门 | KRTGTMTII | 开左门 |
| 2SB01 | 空压机启动 | LA423PS-10/G | 空压机启动 |
| CS | 强迫启动 | 日立提供 | 强迫空压机启动 |
| EBB | 紧急制动 | 日立提供 | 施加紧急制动 |
| WPS | 水泵 | LA423P-10/G | 雨刷水泵 |
| ACS | 高加速 | 日立提供 | 高加速 |
| FRS | 换端 | LA423P-10/Y | 站台折返门保持 |
| 4SB01 | 坡起 | 日立提供 | 坡起 |
| 7SC01 | 雨刷 | LW42C32-21289/L | 雨刷开关 |
| 8SC01 | 左右门选 | LW42C2-5553/L | 开左右门选择 |
| 4SC03 | 前照灯 | LW42C2-1026/L | 前灯控制 |

表 3.5　司机台按钮板 3 明细表

| 代　号 | 名　　称 | 型　　号 | 作　　用 |
|---|---|---|---|
| CDR1 | 关右门 | KRTGNMTII | 关右门 |
| ODR1 | 开右门 | KRTGTMTII | 开右门 |
| ATO | ATO 发车 | KRTGNMTII | ATO 发车确认 |
| TBB | 制动折返 | LA423P-20/G | 制动折返 |
| 4SC01 | ATO 模式选择 | XD6078-9 | ATO 模式选择 |

表 3.6　司机台按钮板 4 明细表

| 代　号 | 名　　称 | 型　号 | 作　用 |
|--------|----------|--------|--------|
| ATIRS | ATI 复位 | LA423P-10/Y | ATI 故障复位 |
| RS | VVVF/SIV 复位 | LA423P-10/Y | 起车前复位 |
| CLS | 洗车 | LA423P-10/Y | 洗车模式 |
| CPRS | 强迫缓解 | LA423PSD-10/DC110VY | 强迫缓解制动 |
| PBS | 停放制动施加缓解 | LA423PSD-10/DC110VY | 停放制动施加缓解 |
| 8SC02 | 门选（自动、手动） | XD6077-4 | 选择开门模式 |

### 3.2.3　控制柜

控制柜内设备由 ATI 中央局、车载视频服务器、车载 LCD 播放控制器、交换机、电源适配器、无线 AP、车载硬盘录像机、控制用空气开关、控制用隔离开关、控制用继电器及接线端子排组成。

ATI 中央局为牵引系统的主控制器；车载视频服务器、车载 LCD 播放控制器、交换机、电源适配器、无线 AP、车载硬盘录像机为乘客信息系统设备，共同完成视频的播放控制，以及 CCTV 图像的储存、上传和 OCC 的调用查看。柜内控制开关按钮明细见表 3.7。

表 3.7　柜内控制开关按钮明细表

| 代　号 | 名　　称 | 型　号 | 作　用 |
|--------|----------|--------|--------|
| CABN | 激活司机室控制 | 5SJ5 DC110 10A | 激活司机室电源 |
| MCN | 主控器控制 | 5SJ5 DC110 10A | 主控器控制 |
| BVN1 | 制动控制 1 | 5SJ5 DC110 10A | 制动控制 |
| BVN2 | 制动控制 2 | 5SJ5 DC110 10A | 制动控制 |
| BVN3 | 制动控制 3 | 5SJ5 DC110 10A | 制动控制 |
| BVN4 | 制动控制 4 | 5SJ5 DC110 6A | 制动控制 |
| CMGN | 空压机控制 | 5SJ5 DC110 6A | 空压机控制 |
| PANN | 受电弓控制 | 5SJ5 DC110 6A | 受电弓控制 |
| SIVN | SIV 控制 | 5SJ5 DC110 10A | SIV 控制 |

| 代　号 | 名　称 | 型　号 | 作　用 |
|---|---|---|---|
| 4QF01 | ATI 显示单元 | 5SJ5 DC110 6A | ATI 显示单元电源 |
| 4QF02 | ATI 监视电源 | 5SJ5 DC110 6A | ATI 监视电源 |
| 4QF03 | ATI 控制 1 | 5SJ5 DC110 6A | ATI 控制 |
| 4QF04 | ATI 控制 2 | 5SJ5 DC110 6A | ATI 控制 |
| 6QF02 | 通风控制 | 5SJ5 DC110 6A | 通风控制 |
| 6QF06 | 应急通风控制 | 5SJ5 DC110 6A | 应急通风控制 |
| 5QF01 | 照明控制 | 5SJ5 DC110 6A | 照明控制 |
| 4QF16 | 视频控制 | 5SJ5 DC110 10A | 视频控制 |
| 4QF05 | 模式开关控制 | 5SJ5 DC110 6A | 模式开关控制 |
| 4QF07 | 广播控制 | 5SJ5 DC110 6A | 广播控制 |
| 8QF02 | 车门控制 | 5SJ5 DC110 6A | 车门控制 |
| DBY1 | ATP 门使能旁路 1 | INT125 4P 32A | 切除 ATP 门控 |
| 2SK01 | 门全关短接开关 | INT125 2P/32A | 门未关好旁路 |
| DBY2 | ATP 门使能旁路 2 | INT125 1P/32A | 切除 ATP 门控 |
| ESS | 紧急制动短路 | 5SJ5 DC110 6A | 紧急制动短路 |
| 2SK04 | 5 km 短路 | INT125 1P/32A | 5 km 短路 |
| 3QF02 | 网压表开关 | 5SJ5 DC110 6A | 网压表开关 |
| QF01 | 备用 | 5SJ5 DC110 6A | |
| QF02 | 备用 | 5SJ5 DC110 6A | |
| FLCS | 辐流风机控制 | INT125 1P/32A | 辐流风机控制 |
| FPCS | 废排风机控制 | INT125 1P/32A | 废排风机控制 |
| 6QF03 | 司机室送风单元 | C65N-C 4A/1P | 送风单元电源 |
| 3QF01 | 司机室交流插座 | C65N-C 10A/2P | 交流插座电源 |
| 8SK01 | 右侧门短接 | INT125 1P/32A | 右侧门短接 |
| 8SK02 | 左侧门短接 | INT125 1P/32A | 左侧门短接 |
| ELBN | 电制动断路器 | 5SJ5 DC110 6A | 电制动投入 |

续表

| 代　号 | 名　称 | 型　号 | 作　用 |
|---|---|---|---|
| CMSN | 空压机投入控制 | 5SJ5 DC110 6A | 空压机投入 |
| EPSB | 应急电源启动 | LA423PS-10/R | 应急电源启动 |
| UCOS | 故障单元切除 | LA423P-10/R | 故障单元切除 |
| ATIFS | ATI 异常开关 | LA423P-20/R | ATI 异常开关 |
| DES | 回送开关 | LA423PS-30/Y | 回送开关 |
| TESTB | 试灯按钮 | LA423P-10/G | 试灯按钮 |
| 4SC02 | 模式开关 2 | XD6076-4 | ATO 切除 |

### 3.2.4　综合柜

综合柜布置图如图 3.4 所示。

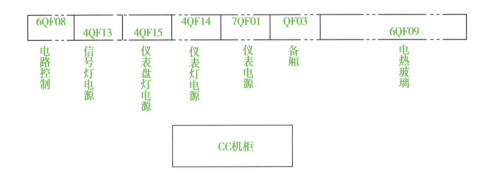

图 3.4　综合柜布置图

综合柜内设备由 CC 机柜、控制用空气开关和控制用继电器组成。

柜内控制开关明细见表 3.8。

表 3.8　浙大网新公司柜内控制开关明细表

| 代　号 | 名　称 | 型　号 | 作　用 |
|---|---|---|---|
| ATO1 | ATO 电源 1 | 5SJ5 DC110 6A | ATO 电源 |
| ATO2 | ATO 电源 2 | 5SJ5 DC110 6A | ATO 电源 |
| ATO3 | ATO 电源 3 | 5SJ5 DC110 6A | ATO 电源 |
| ATO4 | ATO 电源 4 | 5SJ5 DC110 6A | ATO 电源 |
| ATO5 | ATO 电源 5 | 5SJ5 DC110 6A | ATO 电源 |
| ATO6 | ATO 电源 6 | 5SJ5 DC110 6A | ATO 电源 |
| ATO7 | ATO 电源 7 | 5SJ5 DC110 6A | ATO 电源 |
| ATO8 | ATO 电源 8 | 5SJ5 DC110 6A | ATO 电源 |
| 4QF12 | 无线电台电源 | 5SJ5 DC110 6A | 无线电台电源 |
| 6QF08 | 电热控制 | 5SJ5 DC110 6A | 电热控制 |
| 4QF13 | 信号灯电源 | 5SJ5 DC110 6A | 信号灯电源 |
| 4QF15 | 仪表灯电源 | 5SJ5 DC110 6A | 仪表灯电源 |
| 4QF14 | 前照灯电源 | 5SJ5 DC110 6A | 前照灯电源 |
| 7QF01 | 雨刷电源 | 5SJ5 DC110 6A | 雨刷电源 |
| QF03 | 备用 | 5SJ5 DC110 6A | |
| 6QF09 | 电热玻璃 | C65N-C 10A/3P | 电热及电热玻璃 |

### 3.2.5　右侧屏

右侧屏由蓄电池电压表、网压表、按钮及开关组成,如图 3.5 所示。

右侧屏明细见表 3.9。

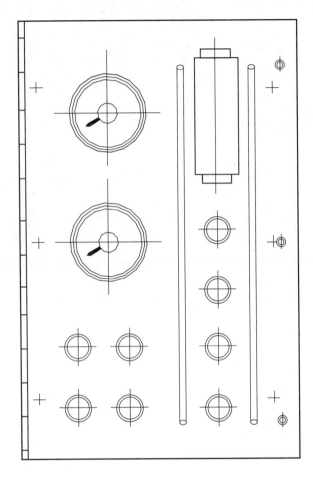

图 3.5　右侧屏

表 3.9　右侧屏明细表

| 代　号 | 名　称 | 型　号 | 作　用 |
|---|---|---|---|
| ODR2 | 开右门 | KRTGTMTII | 开右门 |
| CDR2 | 关右门 | KRTGNMTII | 关右门 |
| AOCD2 | 再开闭门 | KRTGBMTII | 门未开\闭好,再开\闭 |
| 6SC01 | 引流风机调速 | K1F-013QLHC | 风机调速 |
| YBDB | 仪表灯按钮 | LA423PS-10/G | 仪表灯按钮 |
| READB | 阅读灯按钮 | LA423PS-10/G | 阅读灯按钮 |
| 5SB01 | 司机室照明 | LA423PS-10/G | 司机室照明 |
| PVH | 网压表 | ENG8/80-2 000 V(1∶250) | 网压显示 |
| PVL | 蓄电池电压表 | ENG8/8 0-150 V | 蓄电池电压显示 |

### 3.2.6 左侧屏

左侧屏如图 3.6 所示。

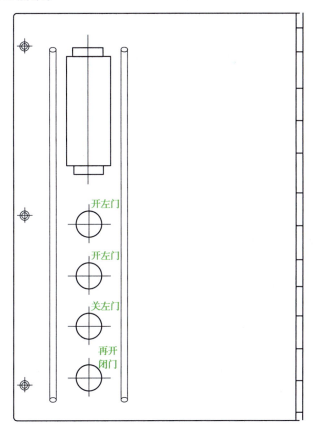

开左门

开左门

关左门

再开
闭门

图 3.6 左侧屏

左侧屏明细表见表 3.10。

表 3.10 左侧屏明细表

| 代　号 | 名　　称 | 型　号 | 作　用 |
|---|---|---|---|
| ODL3 | 开左门 | KRTGTMTII | 开左门 |
| CDL3 | 关左门 | KRTGNMTII | 关左门 |
| AOCD3 | 再开闭门 | KRTGBMTII | 门未开\闭好,再开\闭 |

### 3.2.7 司机台及控制柜布置

西安地铁 2 号线司机室内司机台及控制柜布置图见附录 A。

# 任务 3.3  车  钩

### 3.3.1  总体介绍

钩缓装置分为头车半自动钩缓装置和中间半永久钩缓装置。其在列车上安装示意如下：

= Tc * Mp * M * T * Mp * Tc =

= :头车半自动钩缓装置

* :中间半永久钩缓装置

#### (1)头车半自动钩缓装置

缓冲系统由可恢复变形吸收能量的弹性胶泥缓冲器和不可恢复变形吸收能量的压溃变形装置两部分组成。

头车半自动钩缓装置位于列车的头尾两端，能实现列车之间的自动机械联接、自动风路联接、手动机械分解及自动风路分解。

中间半永久钩缓装置分为带缓冲器半永久车钩和带压溃管半永久车钩两种，通过连接卡环联接且成对使用。

#### (2)中间带缓冲器半永久车钩、中间带压溃管半永久车钩

半永久车钩用于列车内部各个断面，通过连接卡环联接，实现车辆之间的机械与风管联接。

#### (3)钩缓装置的检查及参数

车钩是列车上的关键零部件之一。良好的维护保养能使车钩更好地发挥其作用，减少故障的发生，保证其有效性和可靠性。同时，及时地发现故障，能避免因故障带来的安全隐患。

车钩在自然对中情况下中心线偏移车体中心线不大于 ±15 mm。

### 3.3.2  半自动钩缓装置

半自动钩缓装置主要由连挂系统、缓冲系统和过载保护装置等模块组成，如图 3.7 所示。各个模块之间采用连接环联接。

### (1)连挂系统由 CG-12 型车钩和风管连接器组成

缓冲系统考虑了事故碰撞时的安全保护冗余,由具有弹性变形吸收能量的弹性胶泥缓冲器和不可恢复变形吸收能量的压溃装置两部分组成。为了给压溃管提供安装空间,弹性胶泥缓冲器与回转机构、支承和对中机构等安装吊挂系统的结构在设计上融合为一个模块。钩缓装置的尾部设计有过载保护装置,当钩缓装置受到过大冲击力时,可整体脱离车钩安装板,随之车端的防爬器相互咬合发挥作用,实现能量的逐级吸收和递减,以达到保护乘客安全的目的。

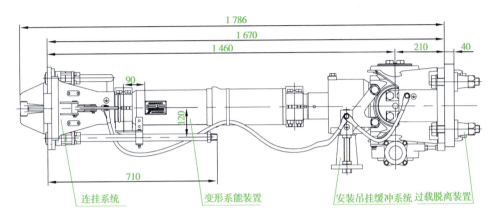

图 3.7　半自动钩缓装置

### (2)连挂系统

连挂系统包括 CG-12 型车钩和风管连接器。

CG-12 型车钩,由钩体、钩舌、连挂杆、中心轴、回复弹簧及解钩手柄等组成,如图 3.8 所示。

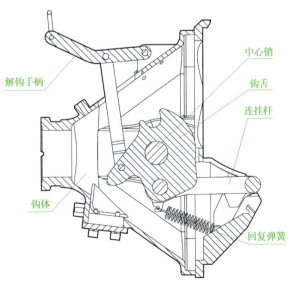

图 3.8　CG-12 型车钩

CG-12 型车钩具有待连挂位(同时也是锁定位)和全开位两种状态。当车钩要连挂时,通过两车钩的相互撞击,钩体内部的钩舌等机构发生顺时针(见图 3.8)旋转,在两钩相互连挂过程中,对方钩体的凸锥推动本钩钩舌等连挂机构旋转到最大角度,到达全开位,然后在回复弹簧的作用下迅速回复到锁定位,到达已连挂后车钩连挂机构的位置状态(见图 3.9)。

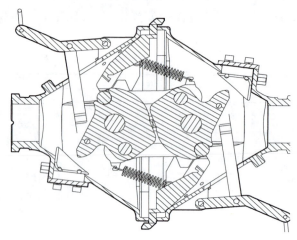

图 3.9　已连挂位置状态

在开钩时,人工扳动解钩手柄,使钩体内部的钩舌及其他机构旋转到最大角度,到达全开位。此时,两车钩可正常分离,然后释放解钩手柄,在回复弹簧力的作用下,钩舌等其他内部机构回复到待连挂位(见图 3.10)。

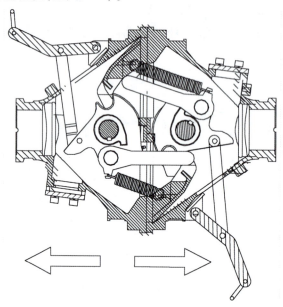

图 3.10　手动解钩时的位置状态

在 CG-12 型车钩钩体上下方分别各有一路总风管连接器和列车管连接器(见图3.11),可在列车连挂时实现管路自动联接,在列车分解时实现管路自动关断。

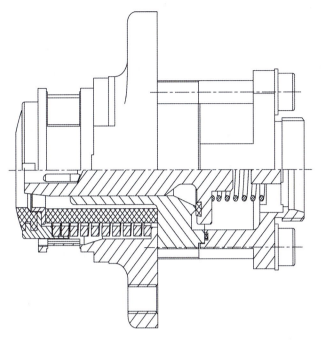

(a) 总风管连接器

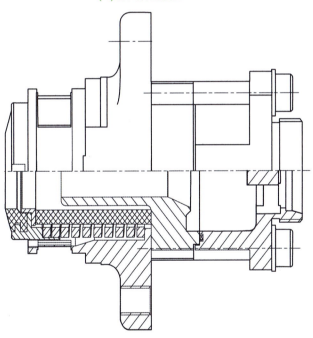

(b) 列车管连接器

图 3.11 总风管连接器和列车管连接器结构示意图

# 任务 3.4 车 门

列车车门系统包括司机室侧门、客室门和紧急疏散门。

## (1)司机室侧门

①司机室两侧设司机室侧门,采用的是单扇手动塞拉门,门玻璃为活动式,门口外侧设有扶手和脚蹬。车门开闭灵活,关闭后保证密封性能良好。司机室侧门未关好时,列车不能牵引。

②司机室两侧门上的玻璃为安全玻璃,采用滑动型垂直升降窗,窗在关闭位置能牢固地闩住。窗滑动灵活,采取防止震颤噪声的措施,设有耐候性的密封胶条,可挡风、挡尘、挡雨。

③司机室侧门净通过宽度不小于 560 mm,高度不小于 1 760 mm。

## (2)司机室后端门

①司机室后端门净通过宽度不小于 640 mm,高度不小于 1 800 mm。

②司机室的后端门设在司机室的左后方或中间,车门开向司机室或客室;该门须保证紧急疏散时的畅通。

③在列车正常行驶时,司机室后端门关闭,不允许乘客进入司机室内。紧急情况下,允许乘客破封后打开后端门进入司机室,通过紧急疏散门疏散。

## (3)司机室门锁

①司机室两侧门均设门锁,司机室内侧为手操作锁,外侧为钥匙锁。门锁在司机室内外均能方便地锁闭和打开。门锁具有足够的强度,并能承受一定的冲击力。

②司机室后端门设有门锁,司机室侧为手操作锁,客室侧为特种钥匙锁,为紧急情况的开启方式。

## (4)紧急疏散门

紧急疏散门位于 Tc 车前端的司机室左侧。遇紧急情况时,可使乘客安全、顺畅地从车内撤离。

紧急疏散门遵循以下设计原则:

①紧急疏散门处于打开状态时,两侧有扶手。

②在司机室内通过一个控制手柄可实现解锁、打开、关闭、锁住。

③折叠后的扶手或用作扶手的支承带具有保护装置,防止疏散门倾倒。

④只有在紧急疏散门安全关闭并锁住后,列车方可启动。

⑤紧急疏散门打开后的最低点在负载情况下,距轨顶面大约 150 mm。

⑥紧急疏散门打开后的疏散梯踏面为防滑走行面。

⑦紧急疏散门采取防止震颤噪声的措施和设有耐候性的密封条,具有良好的密封性能。

### (5)客室门

客室侧门采用每辆车每侧 4 套双扇电控电动内藏门。它由机械部件和电气部件组成。机械部件主要由顶部机构、门扇(含下滑轨组件)、内部紧急解锁装置(每辆车 4 件)、乘务员钥匙开关(每辆车 2 件)等组成;电气部件主要由电子门控单元、电机、端子排、各种检测开关、各种连接器及蜂鸣器等组成。

1)基本要求

①列车车门设置时,要考虑车门的美观、各门乘客上下时间的一致性,还要考虑与车站屏蔽门及安全门的适应性等问题。

②客室门采用双扇电控电动内藏门。

③车门的电控电动装置采用微处理器控制的电动机驱动装置,具有自诊断功能和故障记录功能,具有与列车总线网络进行通信的功能,对车门的控制采用硬线方式。

④传动装置采用齿形带传动方式或丝杠传动方式,导向装置、驱动装置和锁闭装置集中为一个紧凑的功能单元,便于安装和维修。

⑤电机组件由一个无电刷电动机及电机和驱动装置之间的联接装置组成。

⑥车门吊挂装置采用滚珠轴承滑块型或更优方案。门运动平稳,不允许卡滞、跳动,噪声小,在设备环境要求的条件下,能正常操作。

⑦具有门扇的高度及平行度调整功能,能保证每一门扇、相关门扇之间以及门扇与车体之间的正确位置及间隙。门扇调整垫片均采用不锈钢材料。

⑧车门设置可靠的机械锁闭机构、故障隔离装置、紧急解锁、重开门等安全设施。

⑨车门的开闭功能不会因车辆挠度和乘客载荷的变化而受影响。

⑩车门关闭时,能有效地起到隔热和隔音作用,能消除震动。

⑪车门系统设计须保证高度可靠,门机构在车内可进行维修。

2)车门的基本技术参数

车门数量:每辆车每侧 4 套门扇。

净开宽度:1 300+4 mm。

净开高度:1 800+10 mm。

供电电压:DC110 V,波动范围:DC77~121 V。

开门时间:3± 0.5 s。

关门时间:3± 0.5 s。

开关门延时时间:0~3.0 s 可调。

车门关紧力:≤150 N。

探测最小障碍物小于:25 mm×60 mm。

开关门噪声级别:≤68 dB(A)。

车门控制方式:全列车门的开/闭满足人工驾驶和 ATO。

自动驾驶和无人监视 ATO 自动折返模式。

车门编号标识:车门具有编号标识。

3)车门系统主要功能

开/关门功能包括车门开关状态显示。

未关闭好车门的再开闭功能,已关好的车门不再打开。

开关车门的二次缓冲功能。

防夹人/物功能(障碍物探测重开门功能)。

车门故障切除功能。

车门紧急解锁功能(每辆车4件)。

车门旁路功能。

乘务员钥匙开关功能(每辆车每侧各一个车门)。

故障指示、诊断和记录功能,并可通过读出器读出记录数据。

自诊断功能。

零速保护功能。

4)车门传动机构

西安地铁2号线客室门系统如图3.12所示。

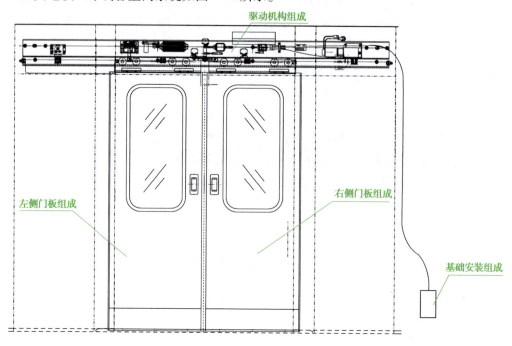

图3.12　西安地铁2号线客室门系统

5)车门系统的电气控制

满足列车运行采用人工手动驾驶,或ATO驾驶单司机值乘,以及无人监视ATO自动折返模式时的开关门功能。

①具有微型断路器保护

列车车门控制电路和本车车门控制电路均设有微型断路器。

②左/右车门的选择

车辆设有左/右侧车门选择开关,设在司机室内,由司机操作,以选定只能开左侧或右侧的车门。

③零速保护/开门允许

车门控制电路中接有零速信号/开门允许信号,确保列车只有在零速度(车速在5 km/h以下)及相关条件允许时才能接通开门电路。

该零速逻辑在ATO驾驶及有ATP防护的人工手动驾驶时,由ATC车载设备提供;在无ATP防护的人工手动驾驶时,由列车牵引制动系统提供。

④关门联锁电路(安全电路)

关门联锁电路中设有一只安全继电器,当列车所有车门关好后,该继电器动作。其常开接点分别提供以下信号:

a.牵引电路可启动信号。

b.司机台上显示"门关好"信号("门关好"绿灯亮)。

c.司机台上显示可发车信号(接通发车通知电路)。

d.可自动广播信号(预报站)。

⑤保证故障导向安全

车门电气控制保证故障导向安全。

6)车门紧急解锁开关

①客室每侧车门设置两套可在客室内操作的车门紧急解锁装置,用于紧急情况下的开门操作。

②能在司机显示屏上显示被启动了紧急解锁装置的车门。

③每辆车外每侧设置1个车门紧急解锁开关,用于紧急情况下的开门操作。车辆外侧的车门紧急解锁开关只能由操作人员手动操作。

7)障碍探测重开门

如果关门时碰到障碍物,车门将打开200 mm(暂定、可调),再重新关闭。如果障碍物仍然存在,则这一循环将再循环一次,如此可循环3次(暂定、该次数可调),3次后车门保持打开,若想关闭车门司机须再次操作关门开关。门循环开关时伴有提示铃声。

8)实现缓冲功能

再开门及关门动作能实现缓冲功能。

9)电子门控单元至少达到的功能要求

①车门驱动装置的控制,产生开门/关门命令。

②电机控制、检验电机的设定值。

③监控车门状态。

④障碍物探测。

⑤检查、存储和传递车门的故障信息。

⑥通过RS485接口与列车监控系统相连,进行数据传输。

⑦接口:通过便携式测试仪PTU读取数据进行故障分析及设定参数。

10）单门试验开关

双扇电控电动内藏门提供了实验开关,可在没有列车控制的情况下,单独控制车门的开闭。按动按钮后,门开启,再次按动按钮,门关闭。

11）门扇结构及强度

门扇防挤压密封橡胶条采用优质橡胶,满足弹性、拉伸强度、耐候性、耐普通清洗剂及耐老化等性能要求和障碍检测功能要求。

门扇平整度≤1 mm/m。

门扇所使用的安全玻璃上印有安全合格标记。

门扇能达到以下强度要求而不发生塑性变形:

从内向外施加在一个门扇上1 500 N的力,均匀地加在车门一半高度上200 mm宽的区域内,门扇挠度变形≤8 mm。

施加在整个门宽度范围的车门一半高度上200 mm宽的区域内2 000 N的力并持续5 min。

门关闭后能保持在正确位置。

12）列车车门信号及车门指示灯

①列车车门信号

司机室内设有"车门全关闭"指示灯。

a.当所有的车门关闭且锁闭的信号给出时,通过硬连线传输,"车门全关闭"指示灯亮。

b.所有的车门关闭并锁闭的信号传给门控单元EDCU,再传到司机显示屏(VDU)。

c.如"车门全关闭"指示灯未亮,列车将不能启动。

②本车车门信号

A.车门内侧指示灯

在每个客室侧门的上方均设有一个橙黄色的LED指示灯。当指示灯亮时,表示该门开启;当指示灯闪烁时,表示已发出关门指令,相关的车门尚未关上或尚未锁住。

B.车门内侧切除显示灯

在每个客室侧门内侧上方均设有红色显示灯,该灯亮表示相关车门已切除,不能操作。

C.外侧车门指示灯

当一侧有车门未关好时,车门所在车辆、所在侧的"车门未关好"黄色指示灯亮。

③关门提示铃声

当门控单元接收到关门指令时,发出铃声提示,经延时(0~3 s)后车门关闭。

13）安全和可靠性

车门的电气控制部分的设计高度可靠,低故障率。

车门控制系统保证:控制回路上的单点故障不会导致非正常开门。

车门控制系统保证:只有停车时,才能打开车门。

①在列车运行时

a.切断开门列车线。

b.车门被机械锁住。

②安全

A.两种风险通过硬件处理：

在列车非正确侧误开门：由相关安全列车线来保护。

非低速时误开门：由允许开门指令和相关列车线来保护。

B.障碍物检测系统

乘客被两个门扇夹住时，最大的关门力保持 0.5 s 后，车门重新打开。

③可靠性

车门系统的可靠性指标（如门控单元的平均无故障时间等）最终在设计联络会上确定。

14）开闭相配合

与站台屏蔽门的开闭相配合。

15）车门试验

①型式试验

车门进行型式试验，包括但不限于以下项目：

a.车门强度试验。

b.车门开闭操作循环试验。

在下列负载状态，连续进行 1 000 次无故障的操作：

AW0；

AW3；

AW0（由 AW3 回到 AW0）。

c.车门操作装置的鉴定。

测定车门关紧力。

鉴定障碍探测重开门的功能。

门开闭动作时间鉴定。

手动开门解锁功能试验。

"零速"保护功能试验。

d.开关车门的噪声级别合格鉴定（列车试验）。

开关门的噪声在距门 1 m、离地板面高 1.6 m 处≤68 dB（A）。

e.寿命周期试验。

在试验台上进行车门耐久性试验，试验次数 150 万次，无任何损坏。试验时，需考虑一定比例的横向力的加载试验。

f.质量检验（车门装车前，在车门制造厂检验）。

②例行试验

每个车门至少按下列各项进行例行试验：

a.目检包括记载出厂编号，按照图样检验组件的正确性和完整性。

b.尺寸检验包括检验涂层总厚度（若有涂层）、外形尺寸等。

c.性能试验包括检验"开启/关门/重开门"功能、关门夹紧力测试、开/关门时间测试、开关门噪声测试、手动解锁试验(车内、车外)、"零速"保护功能试验等。

16)门系统的使用与操作

①开门

只有在车辆处于相对静止状态($v$<5 km)时才能进行开门操作。

A.通过集控开门

在电控方式时,按下集控开门按钮开关,发出开门指令,车辆相应侧的所有车门均可打开。

B.通过实验开关开门

当单一的双扇电动门从列车集控中脱离开时,可使用机构中的实验开关装置操作门的开闭,检验其开关门、防挤压等功能。

C.通过内部紧急锁和外部紧急锁手动开门

发生紧急情况时,可通过内部紧急锁和外部紧急锁进行解锁,然后手动将门打开。

注意:使用外紧急锁时,必须先使用四方钥匙打开手柄;使用内紧急锁时,必须先打破保护罩然后扳动解锁扳手。

②关门

A.通过集控关门

在电控方式时,按下集控关门按钮开关,发出关门指令,车辆相应侧的车门均可关闭。

B.通过实验开关关门

当单一的双扇电动门从列车集控中脱离开时,可使用机构中的实验开关装置操作门的开闭,检验其开关门、防挤压等功能。

③手动关门

断电状态下,可通过手动将门关闭。

④门的紧急解锁

当车辆运行且车速大于5 km/h时,关闭的门被"5 km/h信号"锁定,这时电控方式不能将门开启。

当车内发生紧急情况需要开门时,需扳动解锁扳手将门解锁打开一条缝隙,然后用手将车门打开,从而实现运行状态下门的紧急开启功能。

内解锁扳手使用时,必须先打破保护罩。

当车辆须从外部紧急开门时,需拉动外紧急拉手,然后将门手动打开。

外紧急把手使用时,必须先使用四方钥匙打开手柄。

当车门紧急解锁后,蜂鸣器持续鸣叫。

⑤故障隔离功能

如果因门机构或电气故障而要求某一门单独停止工作,乘务员可用四方钥匙转动位于门机构装置内的隔离锁闭装置,使驱动装置机械锁闭,同时触发行程开关,提供门被隔离锁闭信号,整个门机构断电。

当门被四方钥匙锁闭时,紧急解锁不能将其打开。

⑥防挤压保护

门控制装置负责监控门扇的关闭和开启运动。当车门在关闭过程中遇到障碍物时，车门会自动重新开启 200 mm，并在 3 s 后重新关闭，如果 3 次未关好门，则此门报故障。

⑦实验开关

当单一的双扇电控电动内藏门从列车集控中脱离开时，可使用驱动机构中的实验开关装置操作门的开闭，检验其开关门、防挤压等功能。

# 任务 3.5　制动与牵引

## 3.5.1　牵引系统

### （1）西安地铁 2 号线的牵引及电制动系统特点

①实现高效节能的 IGBT 逆变器装置。

②提高乘坐舒适性的矢量控制、全电制动停止控制。

③采用无速度传感器控制，以提高可保养性能。

④为了保证 IGBT 元件控制的高可靠性，采用光反馈方式。

⑤为作业人员安全考虑，牵引系统和辅助电源系统完全分离。

a.通过完全分离牵引系统和辅助电源系统，确保作业人员在牵引系统装置保养时的安全性。

b.通过统一每一车种的装备来提高可保养性，由此，可期待通过舣装设计的最小化来实现设计成本的最小化以及舣装可作业性的提高。

⑥可保养性为最优先考虑的箱体构成

a.先导入自然风冷却方式，提高可保养性，减少强迫冷却风机的保养。

b.VVVF 逆变器装置的高速断路器装入不同箱体内，以提高可保养性。由此，使高速断路器的接点维护、交换部件的作业能容易地进行。

牵引系统所采用的技术能满足高可靠性、高效、节能、乘坐舒适、易于保养及小型轻量的要求。

### （2）两列车的连挂

两列车的连挂运行用于紧急情况（一列有动力，一列无动力）。当两列车连挂时，可在非端部的有动力车组司机室操作。仅有一个司机室在控制状态，其他司机室不允许进行操作控制。

### （3）牵引和电制动控制的基本要求

VVVF 逆变器系统具有以下基本功能：

①牵引。

②再生制动。

③电阻制动。

### (4)牵引电机采用的供电方式

每台 VVVF 逆变器给一辆动车上的 4 台牵引电机供电。

## 3.5.2　车下电气设备

### (1)概述

西安地铁 2 号线车下包括的设备主要是整车的牵引系统设备和制动设备。牵引系统为牵引电机提供电源,使其工作产生牵引力。

### (2)西安地铁 2 号线动车(Mp 车)

车下整个牵引系统的基本配置包括以下设备:

| | |
|---|---|
| 牵引逆变器装置(VVVF) | 1 台/车 |
| 主隔离开关加母线隔离开关(MS+BS) | 1 台/车 |
| 高速断路器箱(HB) | 1 台/车 |
| 制动电阻器箱 | 1 台/车 |
| 滤波电抗器箱 | 1 台/车 |
| 接地开关箱(GS) | 1 台/车 |
| 应急通风逆变器 | 1 台/车 |
| 母线熔断器 | 1 台/车 |
| 制动控制箱 | 1 台/车 |
| 制动模块 | 1 台/车 |
| 空压机启动机 | 1 台/车 |
| 空压机 | 1 台/车 |
| 干燥器 | 1 台/车 |

其具体布置如图 3.13 所示。

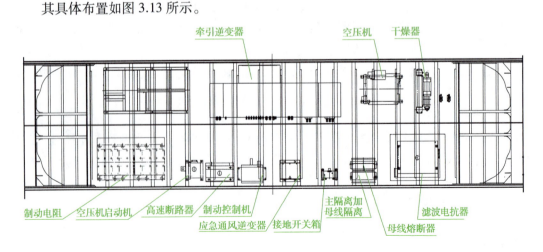

图 3.13　Mp 车车下布置

牵引逆变器：

①振动和冲击条件

满足 IEC60077 和 IEC60571/61373,JIE4031 或其他相关国际标准的要求。

②输入电压

额定电压 DC1500 V。

最低电压 DC1000 V。

最高电压 DC1800 V。

瞬时最高电压(再生时)DC1980 V。

③逆变器形式

电压型逆变器。

④牵引电机供电方式

每台 VVVF 逆变器给一辆车上 4 台并联的牵引电动机供电。

⑤VVVF 逆变器的主要部件

a.线路滤波器。

b.3 相 IGBT 功率单元。

c.牵引控制单元。

⑥VVVF 逆变器输入电源电路主要包括但不限于以下设备：

a.受电弓。

b.避雷器。

c.隔离开关和熔断器。

d.高速断路器。

e.线路接触器。

**(3)西安地铁 2 号线动车(M 车)**

车下整个牵引系统的基本配置包括以下设备：

| | |
|---|---|
| 牵引逆变器装置(VVVF) | 1 台/车 |
| 主隔离开关(MS) | 1 台/车 |
| 高速断路器箱(HB) | 1 台/车 |
| 制动电阻器箱 | 1 台/车 |
| 滤波电抗器箱 | 1 台/车 |
| 接地开关箱(GS) | 1 台/车 |
| 避雷器 | 1 台/车 |
| 应急通风逆变器 | 1 台/车 |
| 制动控制箱 | 1 台/车 |
| 制动模块 | 1 台/车 |

其具体布置如图 3.14 所示。

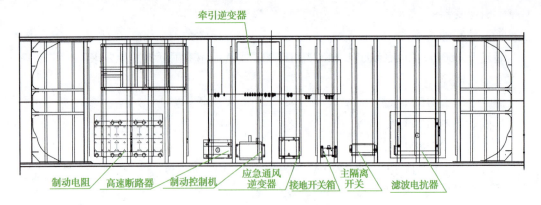

图 3.14　M 车车下布置图

### 3.5.3　制动系统

**（1）系统概述**

1）系统构成

①制动控制单元（BCU）。

②基础制动装置（含停放制动及其手动缓解装置）。

③微机控制单元（EBCU）。

④风源系统。空气压缩机组、干燥器和储风缸为空簧、制动系统提供压缩空气。

2）控制方式

制动系统采用电-空控制方式，利用电信号控制气信号，再由气信号控制执行元件动作。

3）制动种类

制动种类有常用制动、紧急制动、快速制动及停放制动。

4）制动方式

城市地铁车辆制动装置除常规的空气制动装置外，还有再生制动和电阻制动。

5）实施原则

制动方式的选择是自动的，采用电制动与空气制动实时协调配合，电制动优先，拖车空气制动延时投入。

6）优先顺序

优先顺序是再生制动、电阻制动、空气制动；动车的电制动优先满足列车制动指令要求，不足的部分由空气制动补足。

**（2）制动系统部件**

每辆车上配装有一个制动模块，包括主风缸、制动风缸和一些相关的控制阀类，如图3.15 所示。

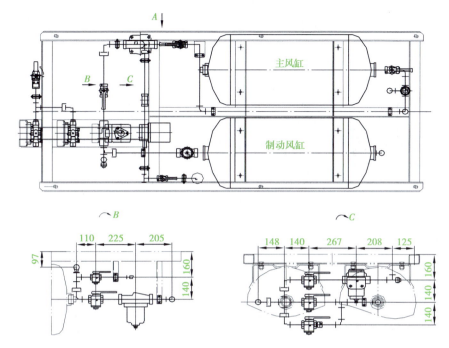

图 3.15　主风缸、制动风缸及阀门管路

1）电子控制单元（ECU）

每辆车上配备有一个 ECU，包括制动与防滑系统微处理器控制的整体闭合回路，如图 3.16 所示。ECU 还提供这些系统的健康监测和诊断功能。

ECU 的作用：控制系统指令信号，制动缸压力的"闭合回路"控制；轮滑保护（WSP）控制；故障监测。

①常用制动

常用制动通过 ATI 进行控制，每辆车上的制动电子控制装置（ECU）直接与它通信的 RS485 总线相连，ATI 接收来自每辆车制动 ECU 的称重信号和来自主控制器的指令信号。根据此指令和载荷信号，计算每辆车需要的制动力，再减去可实现的动力制动力，即可计算出每辆车需要的摩擦制动力。此指令通过 RS485 总线直接送给每辆车的 ECU。

②防滑系统

列车在常用制动、紧急制动模式下均具有滑动保护功能。

2）止回阀

压缩空气经隔离塞门（制动隔离塞门 J6）和止回阀从主风管进入制动系统。在主风缸 MR 压力下降时，止回阀可防止压缩空气回流至主风缸。

3）制动风缸

制动风缸用于储存一定量的压缩空气，仅供制动系统使用。制动风缸直接与电-空制动装置相连。当电子控制系统发出制动信号时，制动风缸向转向架上的制动装置提供压缩空气，实现摩擦制动。

4）制动缸隔离塞门（J6）

一位端靠近转向架附近和制动模块上设置有制动缸隔离塞门（放风球阀），可分别对

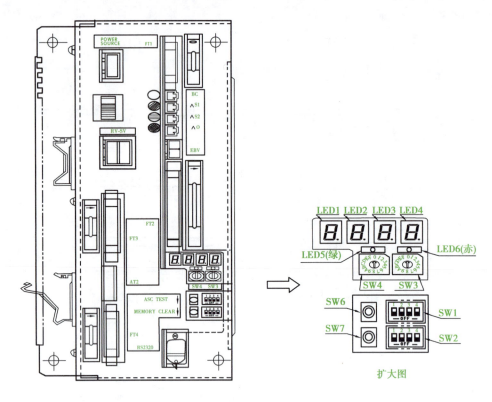

图 3.16　电子控制单元（ECU）

一位端和二位端转向架进行缓解，并且此塞门的状态信息将报送列车管理系统。

5）制动控制单元（BCU）

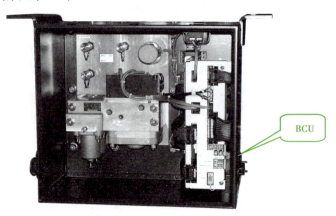

图 3.17　制动控制单元

每辆车上设置一制动控制单元（BCU），如图 3.17 所示。BCU 包括常用制动和紧急摩擦制动所需的所有电空阀和压力传感器。

①中继阀（RV）

中继阀为气动操作阀，可将大量压缩空气由制动风缸提供给闸缸。供风压力等同于中继阀通过变载截断阀从制动/缓解和紧急阀获得的压力信号。如果压力信号保持一定，中继阀将保持恒定的闸缸压力以防泄露,并自动补充发生的任何泄露。

②变载截断阀(VLV)

变载截断阀为机械变压限制装置,它可将中继阀信号阀口的供风压力限制在称重紧急制动所需的压力以下。

变载截断阀不影响紧急制动压力以下的压力。

变载截断正比于空气簧压力。

切除的压力与空气弹簧压力成正比。

来自空气弹簧的压力信号依靠连接管路上的节流孔(B05)来防止产生波动。当没有空气簧压力信号时,变载截断阀将默认超员紧急制动值为缺省值。

③电空控制阀

A.常用制动电磁阀(SBV)

将制动缸压力控制在所要求的范围内。

B.紧急制动电空阀(EBV)

制动连续回路使紧急制动电空阀得电。当电路失电时,导致紧急制动实施。变载截断阀通过紧急制动电空阀与中继阀相连,紧急制动的制动缸压力会随着车重进行调节。

6)摩擦制动设备

所有的车辆上都配置有踏面制动装置。当常用制动或紧急制动控制系统发出指令时,此装置向车轮踏面提供摩擦制动力。实施的制动力与制动缸压力成正比。同一辆车上的制动缸压力相同,制动装置均相同,这样可保证所有闸瓦上达到相等的制动力。

每个车轮上配有一个 NC3443 型合成闸瓦,其材料为无石棉材料,如图 3.18 所示。

图 3.18　闸瓦

7)停车制动

所有车辆上均设有弹簧实施的停放制动装置。这些装置与空气制动装置相结合,使用同一套闸瓦将制动力施加在轮对上。每根轴上安装一个弹簧停放制动执行机构,如图 3.19 所示。

①制动/缓解

停车制动为弹簧施加,空气缓解。在制动模式下(常用制动和紧急制动),可通过司机台上的停放制动的施加按钮(通过控制停放电磁阀 K3)来实现。

图 3.19　弹簧停放制动执行机构

②停放制动的手动缓解

无空气压力时,停放制动实施。缓解可通过操作每个作用器上的机械缓解机构进行。当空气压力恢复时,进行一次制动循环(制动—缓解),缓解机构自动复位。

### (3)制动控制系统说明

1)常用制动(性能 0~1.0 m/s$^2$)

常用制动可通过司机控制器手动实施,通过 ATO 系统自动实施。

2)紧急制动(安全制动)(性能 1.2 m/s$^2$)

紧急制动实施后不可撤销,直至车速降至 5 km/h 以下。当制动连续回路断开时,所有车辆的牵引将被截断。

3)紧急制动的激活装置

任何以下装置的动作均会断开制动连续回路,使每辆车的紧急制动电磁阀失电:

①触发司控器中的警惕装置。

②按下司机室控制台上的紧急制动按钮(击打式按钮)。

③列车脱钩。

④总风欠压。

⑤紧急制动电气列车线环路中断或失电。

⑥DC110 V 控制电源失电。

⑦ATO 系统发出紧急制动指令。

⑧ATP 系统发出紧急制动指令。

⑨当列车运行时,如方向手柄拉至"0"位,则列车产生紧急制动。

4)制动原则和优先级

常用制动按以下优先级实施:

①第一级:电气动力再生制动

当网压允许制动能回馈到架空供电网时。

②第二级:电气动力电阻制动

不能再生的制动能均由车载制动电阻吸收并转变成热量。

③第三级:摩擦制动

摩擦制动提供电气动力制动系统制动力不足的部分。

5)制动作用反应时间

制动指令同时传递到所有车辆上。作用时间不属于时间延迟,常用制动在所有车上均以冲击极限(0.75 m/s³)同时实施。制动时间采用电子控制。

紧急制动同时在所有车上实施。在所有车上达到90%最大压力的时间为1.6 s,将超过常用制动的"冲击极限"。

6)负载补偿

所有的制动作用均是根据来自空气簧的压力信号调节的。常用制动称重为电子称重,通过一压力传感器测量空气簧压力。电子称重信号从制动系统的电子控制单元传到牵引控制系统。

如果空气簧压力信号消失或超出正常接收范围,系统将缺省为最大超员制动。

7)自动磨耗补偿

所有的踏面制动装置都配有闸瓦间隙自动调整器,用以保持闸瓦与车轮间的正确间隙,补偿闸瓦与车轮的磨耗。

此执行机构的行程足以补偿最大闸瓦磨耗、最大车轮磨耗以及由制动力引起的悬挂偏差的任何组合长度。

8)防滑(WSP)设备(摩擦制动)

①低黏着影响

低黏着影响情况分为以下两种:

A.制动过程中(减速)

制动过程中,如果轮轨间黏着力不足以满足制动要求,车轮会产生滑动损坏车轮,延长制动距离。WSP系统可减小低黏着的影响。

B.牵引过程中(加速)

加速过程中,如果轮轨间的黏着力不足以提供所需的加速度,车轮会发生空转而减少牵引力。

②制动过程中(减速)

制动过程中,如果轮轨间黏着力不足以满足制动要求,车轮会产生滑动损坏车轮,延长制动距离。WSP系统可减小低黏着的影响。

③牵引过程中(加速)

加速过程中,如果轮轨间的黏着力不足以提供所需的加速度,车轮会发生空转而减少牵引力。

# 项目四　信　号

## 任务 4.1　信号系统的基本概念

在城市轨道交通系统中,信号系统是保障运输安全与提高运营效率的重要设备。信号系统设备的选型直接关系城市轨道交通项目建设的投资、项目建成后的运营能力、运营成本以及系统的维修成本。信号系统在城市轨道交通系统中具有重要的地位。随着现代通信、控制、信息、计算机及网络技术的发展,以速度控制为基础的列车自动控制(ATC)系统和联锁系统成为现代城市轨道交通信号系统的主要组成部分。ATC 系统由 3 个子系统组成,即列车自动监控系统(ATS)或调度集中系统(CTC)、列车自动防护(ATP)系统和列车自动运行(ATO)系统。联锁系统主要是车辆段联锁系统和正线联锁系统。

西安地铁 2 号线工程远期高峰小时断面客流量不大,行车间隔为 2 min。在满足基本运行要求前提下,根据确保行车安全、保证运行秩序、满足运行指挥要求、节省投资、采用适度自动化设备的原则进行多方案比较后,设计出安全、可靠、经济、实用的 2 号线信号系统。

①对正线列车运行通常由控制中心集中控制,必要时或在紧急情况下,可由车站控制。车辆段信号系统采用车辆段独立控制方式。

②正线行车方式采用双线单向右侧行车,特殊情况下,应能组织反向行车。对反向行车应具有 ATP 防护功能。

③正线区段区间不设地面信号机,列车以车载信号为行车凭证,在相应位置设停车标志和限速标牌等标志;车站不设进出站信号机,出站方向的站台侧设发车指示器;道岔区段设防护信号机,线路尽头设阻挡信号机。

车辆段以地面信号机作为行车凭证,设出入段信号机,段内设调车信号机。

# 任务 4.2　系统功能及进路组成

## 4.2.1　列车自动监控子系统 ATS

ATS 系统主要由中央计算机系统和车站计算机系统(智能终端)或终端模块等设备组成。它在 ATP,ATO 子系统的支持下完成对全线列车的运行管理和监控。其控制方式可由中心集中控制,也可由车站分散控制。

ATS 系统的主要作用是编制、管理行车计划,实现对全线列车的监控和列车运行的自动调整。

## 4.2.2　列车进路的控制

列车进路的控制包括自动控制和人工控制。自动控制列车进路可分为 ATS 中央自动和 ATS 车站自动;人工控制列车进路可分为调度员控制列车进路和车站值班员控制列车进路。

当中央 ATS 设备故障时,可由取得控制权的车站值班员通过本站的 ATS 现地控制工作站控制全线的进路和信号;当中央 ATS 系统的传输通道故障时,可由 ATS 车站设备根据列车识别号自动地进行进路和信号机控制。与微机联锁系统结合,能在车站控制状态下将部分或所有信号置于自动进路模式状态,在中央控制状态下将部分或所有信号置于自动追踪模式状态。

### (1)行车信息显示
行车信息显示有全景显示和细景显示。

### (2)列车运行描述
在控制中心采用列车识别号的跟踪和有关信号设备的状态变化来自动模拟和描述监控范围内列车的实际运行。

### (3)列车运行图/时刻表的管理
系统应允许调度员编制和储存列车基本运行图/时刻表,编制计划运行图/时刻表,调整运营计划,编制列车运用计划,以及描绘实际运行图等。

### (4)列车运行的调整
列车的实际运行与计划运行之间发生偏差或检测到其他情况时,自动调整列车运行计划,并控制列车运行至正点状态。当列车的实际运行与计划运行发生的偏差超出一定的范围使系统发出报警,或调度员认为有必要对计划运行图/时刻表进行修改时,调度员可人工介入调整列车运行计划。系统自动执行调整计划,并控制列车运行。

（5）节能运行控制

系统能对高峰和非高峰运营时段的列车运营实施不同的能源优化方案,在不降低服务质量的前提下,采用节能曲线控制列车运行并保证乘客的舒适度。可实现相同牵引区域内列车的协调运行,充分利用能源。

（6）列车运行的查询

调度员可查询某列车计划运行的时间表,也可查询某站的计划运行列车的时刻表,还可查询列车运行的实际信息。

（7）操作和运营数据记录及统计

系统能自动进行运行统计,包括列车报告、车站报告、车次号报告以及各种运行指标等;具有自行制表功能,工作人员能对运行资料库进行访问,根据需求自行制表。所有报告均能根据要求进行显示和打印。

（8）旅客向导信息显示

在车站站台层设置旅客向导系统,显示与旅客乘车有关的信息,如下次列车到达时间、目的地、列车直通及列车编组等。

（9）提供司机发车指示功能

在列车运行正方向的站台端部,设置发车指示器,倒计时显示发车时间。

（10）与其他系统交换信息

在控制中心,ATS子系统与时钟系统、无线传输系统、电力监控系统（SCADA）、综合监控及防灾报警系统（FAS）交换信息。

（11）停车场及车辆段列车自动监控系统

中央ATS子系统通过通信传输网,与停车场及车辆段车辆调度室或信号控制室的ATS工作站连接,向车辆段管理及行车人员提供必要信息,停车场及车辆段调度员根据当天采用的列车计划运行图编制车辆运营计划和行车计划,并传送到中央ATS系统。停车场及车辆段信号值班员根据车辆运营计划及采用的列车计划运行图设置相应进路,以满足列车出入场、段以及库内停车作业的需求。

（12）停车场及车辆段内列车派班信息显示

停车场及车辆段的ATS设备能将列车作业和用车计划信息显示在停车场及车辆段的派班室的终端上,方便司乘人员出乘,确保用车作业。

（13）系统的自诊断与监测报警

通过运行模拟屏及调度台显示器,能对车辆段线路（通常模拟屏只显示转换轨及停车库的股道状态,工作站显示器可显示整个车辆段的线路及进路状态）,正线车站及区间轨道区段、道岔、信号机、标识号、在线运行列车状态,命令执行情况,以及系统设备状态等进行监视;当列车运行或信号设备发生异常时,控制中心计算机自动地将有关信息在行调工作站上给出报警及故障源提示。

（14）培训和运行模拟

控制中心具有ATS子系统的在线及离线工作状态的模拟培训设施。离线工作状态时,可作为培训列车调度员及维修人员之用;在线工作状态时,可作为试验及调试ATS系统的设备。

### 4.2.3　列车自动防护子系统 ATP

ATP 是保证行车安全的基本系统,可实现列车的间隔控制、超速防护和进路的安全监控,保证行车安全;ATP 系统必须满足故障-安全原则。其主要设备包括车载设备和地面设备。车站联锁也纳入 ATP 系统之中。ATP 系统主要实现以下功能:

**(1)自动检测列车位置**

采用数字轨道电路或扩频通信技术作为列车占用检查设备,连续地对列车占用/空闲状态进行检测。对列车位置的监测,保证系统对列车进路的安全控制和其他的安全控制。

**(2)车-地信息传输**

地对车的 ATP/ATO 信息传输采用轨道电路或通信设备,连续地进行地对车数据传输。

**(3)确定列车运行的安全保护速度**

ATP 地面设备通过钢轨、环线或无线等方式频繁地向列车发送必要的速度、距离、线路条件等信息,车载设备制订列车运行的安全保护速度曲线,保护列车在安全保护速度曲线下运行。

**(4)列控方式**

采用一次模式速度曲线,有效地缩短追踪间隔、提高线路通过能力。

**(5)测速定位功能**

车载测速定位系统的误差应控制在一定范围内,为此采用两个独立的测速定位系统(装设在惰行轮上或两个不同的车轴上)来检测列车实际速度以及确定列车位置,并具有轮径磨耗补偿功能。

**(6)与车辆动力设备的接口**

车载 ATP 设备和车辆动力控制设备的接口应保证安全,并对列车实施连续、有效的控制。车站设备故障时,应实施紧急制动。

**(7)超速防护**

车载设备连续监测列车的运行速度,在列车运行速度接近保护速度时,采用常用制动使列车减速运行。当常用制动率达不到规定值或车速未按要求进行减速而超出保护速度时,施行紧急制动,防止列车超速运行。

**(8)控制列车运行间隔**

提高列车运行效率,满足设计追踪间隔和通过能力。

**(9)列车进路的安全联锁控制**

联锁设备保证信号机、道岔、轨道电路间的安全联锁关系,控制车站的接发车进路、自动折返进路、自动通过进路、引导进路、进路解锁和取消、轨道电路故障恢复、信号机关闭、道岔单独操作及锁闭、区间临时限速、区间封锁、扣车、站控/遥控等。

**(10)实现对车门/屏蔽门的监控**

监督车门、屏蔽门的开启和关闭,为列车车门和屏蔽门的开关提供安全保障。只有当列车停在规定停车范围内,才允许向列车和站台相应侧的屏蔽门发送开门命令。列车是开左门还是开右门应根据站台位置和列车允许方向决定。对反向运行的列车,车门及屏蔽门/安全门的监督和控制完全由司机负责,司机通过按压司机台和站台 PSL 上的有关按钮,可控制车门及屏蔽门/安全门的开关。

运行中的列车应连续检查列车车门的状态,在车门因故开启时,应立即紧急制动;在车门及屏蔽门/安全门因故不能关闭时,应可采用特定的操作方式启动列车。

### (11)二次对标防护

正向运行的列车停站后,当列车未停在规定的停车范围内(大于±0.5 m)时,ATP 将实施保护,不允许打开车门和屏蔽门。同时,允许列车以不大于 5 km/h 的速度前进或后退以达到停车精度位置,最大后退距离不大于 5 m。

### (12)站台紧急停车功能

在每个车站的车控室、站台及站台监控亭设有紧急停车按钮。

### (13)列车非正常移动(溜车)监控

在 ATP 监督下的人工驾驶模式、ATO 自动驾驶模式和列车有人或无人自动折返模式中,始终具备此监控功能。如果列车在正线线路上运行,在限速人工驾驶模式中此监控功能有效。

### (14)支持不同驾驶模式下列车控制

车载 ATP 设备应在下列驾驶模式中对列车实施监控:

①ATO 自动驾驶模式。

②列车有人或无人自动折返模式。

③ATP 监督下的人工驾驶模式。

④ATP 固定限速下的人工驾驶模式。

### (15)ATP 系统

ATP 系统可与 ATO 子系统、ATS 子系统和联锁子系统交换信息。

### (16)地面 ATP 设备的监测报警功能

地面设备应具有自诊断和对自身状况的报警功能、系统或设备状态记录统计、打印功能。

### (17)车载信号设备的显示及报警

车载信号设备的显示及报警的主要内容如下:

①实际速度。

②允许速度(只在 ATP 监督下的人工驾驶模式、ATO 自动驾驶模式和列车有人或无人自动折返模式中)。

③从最大限制的 ATP 功能条件下推算出的目标距离/速度。

④"驾驶状态"。即牵引时列车加速或巡航、惰行和制动。

⑤"驾驶模式"。即 ATP 监督下的人工驾驶模式、ATO 自动驾驶模式和列车有人/无人自动折返模式或限速人工驾驶模式。

⑥列车折返运行状态显示。

⑦列车停在预定位置范围以外。

⑧车门释放有效,向司机提供列车车门打开一侧的显示。

⑨关门指令。

⑩出站命令。

⑪列车在车场及车辆段时识别显示。

⑫实施紧急制动。

⑬ATP/ATO故障。

⑭列车速度/位置超过告警速度曲线音响报警。

⑮紧急制动触发时音响报警。

⑯ATP系统车上设备日检。

### 4.2.4 列车自动运行(ATO)子系统

ATO子系统是自动控制列车运行的设备。在ATP的保护下,根据ATS的指令实现列车的自动驾驶,能自动完成对列车的启动、牵引、巡航、惰行及制动的控制,确保达到设计间隔和旅行速度。

**(1)车-地信息传输**

向地面传输列车的身份信息和运行速度信息,以及获取地面的停车目标信息等。

**(2)合理控制列车运行**

ATO子系统是在ATP的保护曲线下,制订列车的运行曲线,实现对列车运行状态的合理控制,包括启动、加速、惰行、巡航及制动等。对牵引及制动控制,以满足舒适度的要求。

**(3)列车启动控制**

在车站经人工确认车门关好后,人工启动列车进入区间运行。区间停车后,根据ATP的释放命令,自动启动列车运行。

**(4)区间运行自动调速**

ATO车载设备根据ATP的保护曲线,在满足列车运行间隔要求的前提下,合理制订列车在区间运行的ATO曲线,合理控制列车的牵引、惰行和制动。

**(5)列车区间运行时分的控制**

在ATO自动驾驶模式下,可根据ATS的调整指令分级(正常区间走行时分的10%为一级)或无级改变区间走行时间,区间实际走行时间与规定值的误差应不大于±5%。

**(6)进站定位停车**

ATO车载设备根据ATP的保护曲线,在满足列车运行间隔要求的前提下,合理制订列车在车站内运行的ATO曲线,以保证停车精度。

采用地面标志器、环线或其他措施实现列车车站定点停车。ATO自动驾驶时的停车精度应保证误差为±0.5 m。

**(7)开关车门**

能根据停车站台的位置及停车精度对车门进行监控,可人工或自动开启、关闭车门。

列车在站台停稳,ATP 释放车门后,ATO 控制车门打开。

ATO 控制车门的关闭,在车门关闭、列车尚未启动过程中,可人工打开车门。

### (8)列车运行状态自诊断

ATO 子系统具有自诊断功能,发生故障时会立即向司机报警。根据故障性质,可实施常用制动和紧急制动,并能防止列车在车站自动启动。

### (9)列车运行自动调整

根据 ATS 的指令,实现列车在区间运行的自动调整和车站停车时分的自动调整,确保达到设计间隔和旅行速度。

### (10)节能运行

根据不同的条件,选择最佳的运行曲线。在确保列车按照运行图运行的基础上,合理控制列车运行,达到节能及自动调整列车运行的目的。

### (11)与 ATS 子系统、ATP 子系统交换信息及控制车载广播

ATO 子系统与 ATS 子系统、ATP 子系统交换信息及控制车载广播接口,实现以下功能:

①在 ATS 监控范围的入口及各站停车区域或所有正线区段,进行车-地通信,将列车的有关信息传送至 ATS 系统,以便 ATS 系统能对在线列车进行监控。

②与 ATS 和 ATP 结合,高效、经济地实现列车自动驾驶、有人或无人驾驶自动折返。

③列车广播设备和车厢信息显示牌可传输下站站名(号)与目的地信息以及有关旅客信息。

## 4.2.5　进路的定义

列车在车站内运行的轨道线路,称为进路。

### (1)轨道的组成

轨道是由钢轨、轨枕、道床、道岔、联接零件及防爬设备组成。

### (2)道岔的作用

道岔是机车车辆从一股轨道转入或越过另一股轨道时必不可少的线路设备。它是轨道的一个重要组成部分。

联锁系统主要由车辆段联锁系统和正线联锁系统组成。联锁是指在信号系统中,进路、道岔和信号机之间建立的一种相互制约的关系。例如,近路防护信号机在开放前检查进路空闲,敌对进路未建立,以及道岔位置正确等。信号机开放后,道岔位置不能动,这种相互制约的关系称为联锁。

# 任务 4.3    信号机的显示及意义

信号机采用黄、绿、红三灯位信号机构,其显示及意义如下(信号机平面布置见附录B):

(1)绿色灯光

绿色灯光表示道岔已锁闭,并开通直向,准许列车按规定速度越过该架信号机。

(2)黄色灯光

黄色灯光表示道岔已锁闭,进路中至少有一组道岔开通侧向,准许列车按道岔侧向通过速度越过该架信号机。

(3)红色灯光

红色灯光禁止列车越过信号机。

(4)黄色灯光+红色灯光

黄色灯光+红色灯光表明开放引导信号,准许列车以不大于一个规定的速度(如25 km/h)越过该架信号机,并随时准备停车。

(5)灭灯状态

在移动闭塞模式下运行,地面信号机的显示为灭灯状态。

# 任务 4.4    列车自动控制系统(ATC)的系统构成

## 4.4.1    系统构成

车载 CBTC 系统由车载控制器(CC)、移动通信系统(MR)、MR 天线、轴装光电速度传感器(EOSS)、查询器(TI)、查询器天线(TIA)及列车司机显示器(TOD)构成。

正线信号机采用完整的基于无线通信技术的移动闭塞制式的列车自动控制系统(ATC),包括列车自动监控系统(ATS)、列车自动防护子系统(ATP)、计算机联锁子系统(CBI)及列车自动运行子系统(ATO)4 个子系统。

## 4.4.2    缩写

缩写与定义见表4.1。

表 4.1　缩写与定义

| 缩　写 | 定　义 |
| --- | --- |
| ATC | Automatic Train Control 自动列车控制 |
| ATP | Automatic Train Protection 自动列车保护 |
| ATO | Automatic Train Operation 自动列车运行 |
| ATS | Automatic Train Supervision 自动列车监控 |
| CBTC | Communication Based Train Control 基于通信的列车控制 |
| CC | Carborne Controller 车载控制器 |
| ATB | Automatic Turn-Back 自动折返 |
| DCS | Data Communication System 数据通信系统 |
| EMC | Electro-Magnetic Compatibility 电磁兼容 |
| EMI | Electro-Magnetic Interference 电磁干扰 |
| EOSS | Electro-Optical Speed Sensor 光电速度传感器 |
| ESE | Ethernet Switch/Extender 以太网交换器/扩展板 |
| IATP | Intermittent ATP 点式 ATP |
| ICDD | Interface Control and Definition Document 接口控制和定义文档 |
| MR | Mobile Radio 移动通信系统 |
| MTORE | Input/Output Controller Board 输入/输出控制板 |
| PE | Propulsion Enable 牵引使能 |
| PIDS | Passenger Information Display System 乘客信息显示系统 |
| RM | Restricted Manual 人工受限 |
| TI | Transponder Interrogator 查询器 |
| TIA | Transponder Interrogator Antenna 查询器天线 |
| TMS | Train Management System, for Xi'an Line2 it is named ATI（Autonomous decentralized Train Integrated system）列车管理系统,在西安地铁 2 号线中,称为 ATI |
| TOD | Train Operator Display 列车司机显示器 |
| CN | Carborne Network 车载网络 |

# 任务 4.5　移动闭塞信号系统

移动闭塞信号系统利用先进的通信技术实现列车检知和车-地双向通信的功能。其列车定位精度高,信息传输速度快。在移动闭塞信号系统中,前行列车经车载设备将本车的实际位置、运行速度等信息通过通信系统传送给轨旁的移动闭塞处理器,并将此信息处理生成后续列车的运行权限,传送给后续列车,后续列车的车载设备接收或计算出紧急制动曲线,以确保列车不超越现有的运行权限。

## (1)列车定位方式

移动闭塞信号系统采用交叉感应电缆环线或无线扩频通信技术,辅以地面应答器等设备来定位列车,其定位精度在几米范围之内。

## (2)车-地数据传输方式

移动闭塞信号系统采用交叉感应电缆环线、漏缆、波导裂缝或无线扩频通信技术,实现车-地双向数据传输。信息传输独立于轨道电路,受外界各种物理因素干扰小,运行可靠,能提供实时、连续的速度曲线控制功能。

## (3)运营能力

移动闭塞信号系统能有效缩短行车间隔时间,行车间隔可缩短至 65 s。

## (4)功能比较

移动闭塞信号系统在保证列车运行安全的前提下,统管轨旁及车载设备之间提供双向高速大容量实时数据通信链路,实现实时遥控列车牵引曲线和停站时间,并能在控制中心或任一车站遥测车载设备运行状态及故障信息,甚至可传输车载视频及音频信号,为实现无人驾驶准备条件。

## (5)建设成本

移动闭塞信号系统的建设成本相对较高。

## (6)成熟性

移动闭塞信号系统的整体运营经验相对较小。

## (7)运营成本

移动闭塞信号系统设备运行可靠,调试和维护成本较低。

# 项目五　供　电

## 任务 5.1　供电系统的基本组成与主要功能

供电系统由外部电源、主变电站、牵引供电系统、车站及区间动力照明供电系统、电力监控系统、杂散电流防护系统、防雷设施及接地系统等部分组成。

### 5.1.1　供电系统的主要功能

供电系统的功能是向地铁各机电设备系统提供安全、可靠、优质的电力供应,满足各系统的供电要求。其具体功能如下:

（1）接受并分配电能的功能

通过主变电站从地方电力系统引入110 kV高压交流电源并降压成地铁供电系统使用的35 kV交流电,再通过地铁供电系统网络将电能分配到每一个车站和车辆段以及停车场内的牵引变电所和降压变电所。

（2）降压整流及输送直流电能的功能

通过牵引变电所对主变电站引来的35 kV交流电进行降压整流,使之变成1 500 V直流电,再将1 500 V直流电通过沿线敷设的牵引网不间断地供给运行中的车辆,以保证车辆的安全、可靠、快速运行,准时地输送旅客。

（3）降压及动力配电的功能

通过降压变电所将35 kV交流电降压成380/220 V交流电,向车站和区间隧道的各种动力、照明设备供电,保证各种车站设备的正常运行,给乘客提供一个安全舒适的乘车环境。

（4）综合防护功能

供电系统各级供电电压网络应具有:在正常、事故、灾害运行情况下控制、测量、监视、计量、调整的功能;安全操作联锁功能;故障保护功能。

### 5.1.2 供电方式

轨道交通的供电方式一般有3种,即分散供电方式、集中供电方式、分散与集中相结合的供电方式。

分散供电方式是指城市轨道交通沿线的城市电网(通常是10~35 kV电压等级)直接向城市轨道交通的牵引变电所和降压变电所供电。

集中供电方式是指城市电网(通常是110 kV电压等级)向城市轨道交通的专用主变电站供电,专用主变电站再向城市轨道交通的牵引变电所和降压变电所供电。

西安地铁2号线供电系统采用集中供电方式。

# 任务 5.2 牵引供电系统的组成与功能

地铁列车由电力驱动。供电电压一般有DC 1 500 V和DC 750 V两种。受电方式有两种:一种通过接触网(架设在空中)经受电弓引入,由钢轨回流(主要用于DC 1 500V电源);另一种是通过第三轨(设在线路钢轨旁边)经受流器引入,由钢轨回流(主要用于DC 750 V电源)。

地铁列车的动力是分散布置的,不像火车那样由机车牵引列车运行,而是将动力装置(牵引电动机)分散布置在一列车中的某些车辆上,共同驱动(牵引)列车运行。虽然牵引电动机是分散布置的,但对其控制还是集中统一的。装有驱动装置的车辆,称为动车;没有驱动装置的车辆,称为拖车。一列由6辆车编组的列车,可由3辆动车和3辆拖车组成(简称"三动三拖"),也可由4辆动车和2辆拖车组成(简称"四动两拖"),甚至全部由动车组成(简称"全动车")。

### 5.2.1 系统的组成

牵引制动包括但不限于以下设备:
①受电弓。
②避雷器。
③隔离开关。
④高速断路器。
⑤线路滤波器。
⑥制动电阻。
⑦VVVF逆变器(包括制动斩波器)。
⑧线路接触器。

⑨交流牵引电机。

⑩齿轮箱及联轴节。

⑪车辆间电气连接器。

⑫司机控制器。

⑬接地装置。

⑭主逆变器至牵引电机的电缆为3根绞合电缆。

⑮高压母线及高压母线回路电气元件。

### 5.2.2 牵引单元的功能

地铁直流牵引供电系统的电压,根据 IEC 标准和国家标准有两种电压供选择,即 DC 750 V 和 DC1 500V。DC 750 V 一般采用接触轨受流方式;DC 1 500 V 一般采用架空接触网或接触轨受流方式。目前,世界各国除极少数采用第四轨回流外,一般均采用走行轨回流。

**(1)牵引控制单元的主要功能**

①对牵引电动机控制。

②牵引控制单元将列车控制的给定值和控制指令转换成 VVVF 逆变器的控制信号,对 VVVF 逆变器和牵引电机进行控制,包括列车速度调节、保护、逆变器脉冲模式的产生等。

③对 VVVF 逆变器和牵引电机进行保护控制。

④电制动控制,对电制动进行调整、保护以及逆变器脉冲模式的产生。

⑤空转/滑行保护控制。

⑥列车加减速冲击限制保护。

⑦通过列车总线网络实现牵引控制单元与其他控制单元的通信功能(在设计时,提交具体的通信协议等)。

⑧故障诊断功能,要求能诊断到整个系统的最小可更换单元。

**(2)地铁车辆采用 DC 1 500 V 的特点**

①牵引电机、逆变器等电气设备体积小、质量小,易于安装在有限的车体上下部空间中,方便设备布置,同时进一步减小车体的质量,特别是在采用大的牵引功率时,这一优点尤为突出。

②在电路电阻相同的情况下,采用 DC 1 500 V 时对车辆的启动、功率的发挥等有益。

③所有电气设备的电流容量减小,节约铜材效果明显,有利于车体轻量化。

西安地铁 2 号线的牵引网供电方式采用 DC 1 500 V 架空接触网悬挂。其中,地下段采用架空刚性悬挂,其余为架空柔性悬挂。

### 5.2.3 牵引变电所设置

西安地铁 2 号线共设置铁路北客站、城运村、尤家庄、方新村、北关、南门、小寨、长延堡、凤栖路、韦曲镇、车辆段、停车场共 12 座牵引变电所,均与车站的降压变电所合建为牵引降压混合所。

# 任务 5.3 接触网介绍

西安地铁 2 号线地下段采用架空刚性悬挂,地面段、车辆段及停车场采用架空柔性悬挂。

#### (1)刚性接触网
刚性接触网(架空刚性悬挂)是将传统断面的接触网导线镶嵌在铝合金汇流排上,再悬挂于轨道上方给列车传输电能的架空线路。

#### (2)柔性接触网
柔性接触网(架空柔性悬挂)是在轨道上方由接触线、承力索、馈线及架空地线组成,并向列车传输电能的架空线路。

# 项目六　通　信

## 任务 6.1　通信系统的组成及功能

地铁通信是构成地铁各部门之间有机联系,实现运输集中统一指挥、行车调度自动化、列车运行自动化,以及提高运输效率的必备工具与手段。

地铁通信按其用途来分类,可分为地区自动通信、地铁专用通信、有限广播、闭路电视、无线通信,以及子母钟报时系统、会议系统、传真及计算机通信系统。按信息传输的媒介,可分为有线通信和无线通信。有线通信又可分为光缆通信和电缆通信。地铁通信是既能传输语言,又能传输文字、数据、图像等各种信息的综合数字通信网。

### 6.1.1　通信系统的组成

西安地铁 2 号线专用通信系统由以下 11 个子系统组成:
①传输系统。
②无线通信系统。
③公务通信系统。
④调度及专用通信系统。
⑤闭路电视监控系统。
⑥乘客信息服务显示系统(PIDS)。
⑦广播系统。
⑧时钟分配系统。
⑨通信综合网络管理系统。
⑩计算机网络系统。
⑪通信电源及接地系统。

### 6.1.2 通信系统的功能

#### (1)传输系统功能

作为通信系统主体的传输系统必须具备传输各种信息的能力,这些信息包括普通话音、宽带广播、数据及图像信息等。

#### (2)无线通信系统功能

无线通信为轨道交通内部固定工作人员与流动工作人员及机车之间提供话音通信和高效数据短信息。

无线通信系统为运营控制指挥中心的行车调度员、环境控制调度员、公安值班员及维修调度员等对列车司机、运营人员、维护人员及现场工作人员等无线用户分别提供无线通信,为车辆段值班员对段内的无线用户提供无线通信,以及提供相应的无线用户之间必要的无线通信。同时,还具有相应的呼叫、广播、录音、存储、显示、检测及优先权等功能。系统以调度组通信为主,同时还可实现用户间一对一的单独通信。

#### (3)公务通信系统功能

公务通信系统为轨道交通管理部门、运营部门、维修部门提供一般公务联络,主要是电话业务和部分非话业务。系统应具有交换、计费功能,具有识别非话业务能力和2B+D交换接续,能与分组交换网连接,能实现会议电话、自我诊断、维护管理及新业务等功能,应能与本地公用电话网互联,实现与本市用户(包括火警119、匪警110、救护120等)通话,还可实现国内、国际长途通信。

#### (4)调度及专用通信系统功能

调度及专用通信系统包括调度电话、站间行车电话、轨旁电话及站内电话等专用电话。

调度电话是为列车运营、电力供应、日常维修及防灾救护提供指挥调度的手段,要求迅速、直达,不允许与运营无关的其他用户接入。调度电话可分为行车调度电话、牵引供电调度电话、环控调度电话及维修调度电话。

#### (5)闭路电视监视系统功能

闭路电视监视系统是轨道交通运营管理现代化的配套设备,供控制指挥中心调度管理人员、车站值班员、站台工作人员及司机实时监视车站客流、列车出入站和旅客上下车等情况,以提高地铁运行组织管理效率,保证列车安全、正点运送旅客。

系统可为车站值班员提供对车站的站厅、站台等主要区域的监视,为列车司机提供对相应站台旅客上下车等情况的监视,为中心调度员提供对各车站的监视。三方监视员是相互独立的,其中,车站值班员、中心调度员具有人工和自动选择的功能,中心还具有录像功能。

#### (6)乘客信息服务显示系统(PIDS)功能

PIDS是一个综合计算机网络技术和电子媒体技术的综合服务性系统,是一个多媒体资讯发布、播控与管理平台。它能发布乘客导乘信息,列车到站信息,票务政策信息,乘车指引,换乘信息,电子地图,以及运营安全信息等运营服务信息,为乘客提供丰富的资讯与娱乐信息,包括天气预报、时事新闻、视频节目、股市行情以及各种商业广告等。

### (7)广播系统功能

广播系统由运营线广播、车辆段广播和停车场广播3个独立系统组成。其中,运营线广播可分为车站广播和列车广播。列车广播系统与车辆设计有关,由车辆专业设计者进行统一的系统设计。

广播系统的主要功能如下:

1)车站广播系统

车站广播主要用于对车站乘客、维修和运行人员进行广播,通知有关时刻表的变更、列车的误点、安全状况及偶发事件等信息或预先录制的通告等。

车站广播采用车站和控制指挥中心两级控制方式。平时以车站广播为主,控制指挥中心可以介入。在事故抢险、组织指挥、疏导乘客安全撤离时,则以控制中心防灾广播为主。

2)车辆段和停车场广播系统

车辆段和停车场广播系统为一套独立的区域广播系统,供车辆段和停车场车厂(场)调度对车库播音区进行定向语音广播。运转值班员的播音控制台应具备对其播音区的监听功能。

### (8)时钟分配系统功能

时钟分配系统作为轨道交通通信系统的一个部分,在轨道交通运营过程中为工作人员、乘客及全线自动化系统(信号系统、FAS、BAS、SCADA、AFC 等)提供统一的时间标准,以提高运营效率和质量,同时还为通信系统本身提供必要的同步信号。

### (9)通信综合网络管理系统功能

通信综合网络管理系统是利用计算机网络技术和计算机本身的数据处理能力,对通信系统中的各子系统进行集中管理,将各系统的运行状态集中反映到网管终端设备上,使通信维护人员能及时、准确地了解整个通信系统设备的运行状况和故障信息,以便于处理。系统应具备故障管理、配置管理、性能管理及安全管理等基本功能,能对子系统的告警进行汇总、显示、确认及报告,能进行故障定位,以达到综合管理的目的。

### (10)计算机网络系统

计算机网络系统是实现企业办公自动化的有效手段。它能为轨道交通客运营销、经营管理提供服务,借助相应的软硬件系统能实现设备维护管理、财务管理、办公自动化、邮件传输及门户网站等功能。

### (11)通信电源及接地系统功能

通信电源系统主要为控制指挥中心、车站和车辆段(停车场)通信设备提供高质量、高可靠的电源供应,保证在主电源中断或发生超限波动的情况下,通信设备在规定的时间内仍能正常工作,等待主电源恢复正常。

通信设备的接地系统应做到确保人身、通信设备安全和通信设备的正常工作,防止通信电源系统引入串杂音、强电干扰和雷害,以确保整个通信系统的安全。

# 任务 6.2 调度电话的设置与使用

调度及专用通信系统主要由调度电话系统,以及站间、站内和轨旁电话系统组成。

调度电话系统与站间、站内、轨旁电话可合设,也可分别构成系统。其网络构成方式主要有以下 3 种:

①纳入程控交换机方式。

②单独设置调度程控交换机方式。

③设置数字调度及专用通信系统方式。

调度电话是为列车运营、电力供应、日常维修及防灾救护提供指挥调度的手段,要求迅速、直达,不允许与运营无关的其他用户接入。调度电话可分为行车调度电话、牵引供电调度电话、环控调度电话及维修调度电话。

# 项目七　电客车司机初级工职业技能

## 任务 7.1　列车整备作业标准

列车整备
检车作业

列车检车程序如图 7.1 所示。

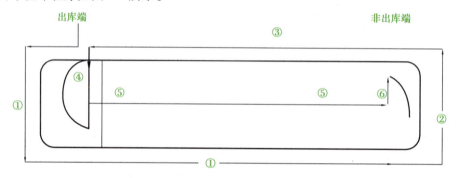

注：①出库方向列车头端及二位侧检查线路
　　②非出库方向列车头端检查线路
　　③非出库方向列车二位侧检查线路
　　④出库端司机室检查线路
　　⑤客室检查线路
　　⑥非出库端司机室检查线路

图 7.1　列车检车程序

### 7.1.1　车辆底部

#### （1）出库方向列车头端车头

①根据状态卡确认列车停放股道及车体号正确。

②报信号楼（信号楼××次××车在××道××段整备作业）。

③上车确认主风缸压力 450 kPa 以上，列车在关车状态（按关车程序操作，关车后不报信号楼）。

④下车确认车体无倾斜，目的地牌无破损，挡风玻璃无裂纹，逃生门关闭密贴，雨刮器完好，标识、灯、防爬器、车架号正确，车钩外观良好，车钩无异物，地沟无人（弯腰确认），钩

舌位置正确,解钩装置外观良好,D1 截断塞门位置正确。

(2)列车 Tc 车(车体无倾斜,无人,无异物侵入限界)

①(司机室门)司机室侧门好,确认轮对下方是否有异物。

②(第一转向架下)门好,手指确认,转向架好(轮对下是否有异物,空气弹簧、停放制动拉环外观良好)。

③(启动装置)窗好,标识好,门好,确认轮对下方是否有异物,启动装置外观良好,辅助熔断器外观良好,隔离开关外观良好。

④(制动装置)灯好,窗好,外紧急解锁状态良好,制动装置外观良好,辅助接地开关外观良好,应急通风逆变器外观良好。

⑤(第三扇门)门好,整流装置外观良好,确认轮对下方是否有异物。

⑥(第二转向架)窗好,标识清晰,门好,转向架好(轮对下是否有异物,空气弹簧、停放制动拉环外观良好)。

⑦(贯通道)窗好,遮篷外观良好,确认轮对下方是否有异物,牵引杆连接外观良好,D1 截断塞门位置正确。

(3)列车 Mp 车

①(第一扇门)门好,窗好,标识清晰,手指确认,转向架好(轮对下是否有异物,空气弹簧、停放制动拉环外观良好)。

②(第二扇门)窗好,标识清晰,门好,确认轮对下方是否有异物,电阻箱外观良好,空压机启动装置外观良好,HB 外观良好。

③(司机钥匙)灯好,窗好,外紧急解锁状态良好,制动控制装置外观良好,应急通风逆变器箱外观良好,辅助接地开关外观良好。

④(主隔离开关)门好,窗好,标识好,主隔离开关外观良好,滤波电抗器外观良好,确认轮对下方是否有异物。

⑤(第二转向架)门好,手指确认,转向架好(转向架轮对下是否有异物,空气弹簧、停放制动拉环外观良好)。

⑥(贯通道)窗好,确认轮对下方是否有异物,遮篷外观良好,牵引杆连接外观良好,D1 截断塞门位置正确。

(4)列车 M 车

①(第一门)门好,窗好,标识清晰,手指确认,转向架好(轮对下是否有异物,空气弹簧、停放制动拉环外观良好)。

②(第二扇门)门好,窗好,确认轮对下方是否有异物,电阻箱外观良好,HB 外观良好。

③(司机钥匙)灯好,窗好,外紧急解锁状态良好,制动控制装置外观良好,应急通风逆变器外观良好,辅助接地开关外观良好。

④(主隔离开关)门好,窗好,标识好,主隔离开关外观良好,滤波电抗器外观良好,确认轮对下方是否有异物。

⑤(第二转向架)门好,手指确认,转向架好(轮对下是否有异物,空气弹簧、停放制动拉环外观良好)。

⑥(贯通道)窗好,确认轮对下方是否有异物,遮篷外观良好,牵引杆连接外观良好,D1截断塞门位置正确。

### (5)列车 T 车
①(第一扇门)门好,窗好,标识好,手指确认,转向架好(轮对下是否有异物,空气弹簧、停放制动拉环外观良好)。

②(ATI)门好,确认轮对下方是否有异物,ATI 外观良好,J6 位置正确。

③(第三扇门)灯好,窗好,门好,外紧急解锁状态良好,J6 位置正确,确认轮对下方是否有异物。

④(第四扇门)窗好,标识好,门好,手指确认,转向架好(轮对下是否有异物,空气弹簧、停放制动拉环外观良好)。

⑤(贯通道)窗好,确认轮对下方是否有异物,遮篷外观良好,牵引杆连接外观良好,D1截断塞门位置正确。

### (6)列车 Mp 车
①(第一扇门)门好,窗好,标识好,手指确认,转向架好(转向架轮对下是否有异物,空气弹簧、停放制动拉环外观良好),J6 位置正确。

②(第二扇门)门好,确认轮对下方是否有异物,空压机外观良好。

③(司机钥匙)灯好,窗好,外紧急解锁状态良好,VVVF 逆变器装置外观良好。

④(风缸)门好 ,窗好,标识清晰,J6 位置正确,确认轮对下方是否有异物。

⑤(第四扇门)门好,手指确认,转向架好(轮对下是否有异物,空气弹簧、停放制动拉环外观良好)。

⑥(贯通道)窗好,确认轮对下方是否有异物,遮篷外观良好,牵引杆连接外观良好,D1截断塞门位置正确。

### (7)列车 Tc 车
①(第一转向架)门好,窗好,标识清晰,手指确认,转向架好(转向架轮对下是否有异物,空气弹簧、停放制动拉环外观良好),J6 位置正确。

②(第二扇门)门好,确认轮对下方是否有异物,蓄电池箱外观良好。

③(司机钥匙)灯好,窗好,门好,外紧急解锁状态良好,SIV 装置外观良好。

④(风缸)窗好,标识好,J6 位置正确(确认轮对下方是否有异物)。

⑤(第二转向架)门好,手指确认,转向架好(转向架轮对下是否有异物,空气弹簧、停放制动拉环外观良好)。

⑥(司机室侧门)司机室侧门好,确认轮对下方是否有异物。

### (8)非出厂方向列车头端车头
车体无倾斜,目的地牌无破损,挡风玻璃无裂纹,逃生门关闭密贴,雨刮器完好,标识、灯、防爬器、车架号正确,车钩外观良好,车钩无异物,地沟无人(弯腰确认),钩舌位置正确,解钩装置外观良好,D1 截断塞门位置正确。

### 7.1.2 启车程序

#### (1)司机室设备

从出库端上车后,确认司机室台面及设备柜内各开关位置正确,确认灭火器、防毒面具、逃生门锁闭外观良好。

#### (2)合蓄电池

按下"蓄电池合"按钮,确认蓄电池电压不低于 82 V(列车自检,确认 ATI 显示屏和信号屏正常启动)。

#### (3)激活主控制台钥匙

(确认 ATI 显示相应端司机室激活)按"升弓"按钮,合空压机。

①确认列车两侧走行部无人。

②鸣笛,按压受电弓"升弓"按钮(操作升弓按钮,手指口呼)。

③确认 ATI 显示屏上的受电弓图标显示升起,到司机室外检查受电弓升弓状态,确认网压表是否正常(DC 1 000~1 800 V)。

④手指口呼,按下"空压机启动"按钮,主风缸压力低于 800 kPa 空压机开始工作,达到 900 kPa 停止工作(当主风缸压力在 800~900 kPa 空压机停止工作时,应按"强迫启动"按钮,待空压机正常工作后松开按钮,检查空压机工作是否正常)。

#### (4)辅助设备功能试验

①闭合"司机室照明"、"仪表灯"、"阅读灯"、司机室"引流风机"(需试验"低速、中速、高速")。

②确认车载电台通信性能良好(与信号楼试验)。

a.启动车载电台"电源"按键。

b.测试车载台与信号楼间的组呼功能。

③广播系统功能及外观良好。

a.在车辆广播盒面板上,按"自/手"按钮(红灯亮),显示屏左下角显示"手动",确认"监听"激活(黄灯亮),按压上下箭头选择站名后,按压"预报""到站"按钮,报站正确,系统工作正常(须选择两个车站试播)。

b.按压"人工"按钮,报站播音中断,人工广播正常。

c.在车辆广播盒面板上,单击"紧急"按钮后,按压上下箭头选择相应内容后,按压"设置"确认内容正确、系统工作正常,按压"取消"按钮中止。

④确认客室灯、水泵、刮雨器、车头灯及空调的功能良好。

a.把客室灯打到合位,打开通道门确认客室内照明正常。

b.水泵喷水,刮雨器低速、高速动作正常,将头灯开关(4SC03)分别置于远光/近光位,将方向手柄推向后退位,下车确认头灯、尾灯显示正常,到达另一端司机室重复上述试验。

c.在 ATI 显示屏上操作列车空调、通风工作,确认列车空调、通风功能良好。

⑤按压"试灯"按钮,确认其他指示灯亮(共有 9 盏灯亮)。

### (5)客室车门试验

1）开左门操作

①手指口呼,司机台上的左右门选(8SC01)开关置"左门"位,"门允许"指示灯亮后,然后按压司机室内侧墙上的开左门按钮 3 s 以上,确认 ATI 显示屏与车体侧门状态显示灯正常。

②操作侧墙上关左门按钮,确认 ATI 显示屏与车体侧门状态显示灯正常,"门关好"灯亮。

2）开右门操作

①手指口呼,司机台上的左右门选(8SC01)开关置"右门"位,"门允许"指示灯亮后,然后按压司机室内侧墙上的开右门按钮 3 s 以上,探头出去确认车体侧墙指示黄灯亮,再确认 ATI 显示屏与车体侧门状态显示灯正常。

②操作侧墙上关右门按钮,探头出去确认车体侧墙指示黄灯灭,再确认 ATI 显示屏与车体侧门状态显示灯正常。

③司机台开关右门按钮操作方法同上。

### (6)制动试验

1）停放制动

①主控手柄在"FB"位,按压"停放制动缓解/施加"按钮,"停放制动缓解/施加"按钮灯亮。ATI 显示屏常规→总体界面右下角显示黄色"停车制动"图标。

②主控手柄在"FB"位,按压"停放制动施加/缓解"按钮,"停放制动缓解/施加"按钮灯灭,ATI 显示屏常规→总体界面右下角显示黄色"停车制动"图标消失。

③保持停放制动缓解状态。

2）常用、紧急制动

①主控手在"FB"位,逐级缓解,确认制动缸风压和 ATI 显示制动级位一致,手柄回到"N"位确认"制动不缓解"灯灭。

②拍下紧急制动按钮,确认制动缸压力上升至 260~370 kPa,"紧急制动施加"灯亮,"制动不缓解"灯亮,ATI 显示屏常规→总体界面右下角显示红色"紧急制动"图标。

③恢复紧急制动按钮。

### (7)牵引试验

①方向手柄回"0"位,主控手柄回"N"位,按压"VVVF/SIV 复位"按钮 3 s 以上,确认 ATI 架线电压(显示范围为 DC 1 000~1 800 V),确认 HB 常规→总体界面"HB"状态在"开"位。

②方向手柄打至"F"位,主控手柄拉回"FB"位,确认"紧急制动"灯灭,然后"鸣笛",将主控手柄推向"P1"位待电客车刚移动,立即拉停列车,列车 ATI 应无故障显示,方向手柄"R"位,确认 ATI 显示非激活端运行方向显示"白色箭头"。

### (8)换端客室检查

①方向手柄回"0"位,主控手柄回"N"位,关闭钥匙,关好侧门,锁闭好通道门进行换端作业。

②客室检查：

a.客室内观(地板、门窗玻璃等)清洁,无明显损坏。

b.照明状态良好。

c.车门门页无损,锁闭外观良好,LED 灯动态地图有显示,LCD 屏外观良好,紧急解锁外观良好,乘客报警按钮外观良好。

d.座椅外观良好,每节车的 2/7 号座椅下的灭火器齐全完整、捆绑牢固。

e.设备柜、电子柜、通道侧墙板锁闭良好。

f.客室卫生符合出库运营条件。

### 7.1.3 非出库端司机室检查

#### (1)司机室设备

从客室进入司机室后,确认司机室台面及设备柜内各开关位置正确,确认灭火器、防毒面具、逃生门锁闭外观良好。

#### (2)激活主控制台钥匙(确认 ATI 显示相应端司机室激活),合空压机

手指口呼,按下"空压机启动"按钮,主风缸压力低于 800 kPa 空压机开始工作,达到 900 kPa 停止工作(当主风缸压力为 800~900 kPa 工作空压机停止工作时,应按"强迫启动"按钮,待空压机正常工作后松开按钮,检查空压机工作是否正常)。

#### (3)辅助设备功能试验

①闭合"司机室照明"、"仪表灯"、"阅读灯"、司机室"引流风机"(需试验"低速、中速、高速")。

②确认车载电台通信性能良好(与信号楼试验)。

a.启动车载电台"电源"按键。

b.测试车载台与信号楼间的组呼功能。

③广播系统功能及外观良好。

a.在车辆广播盒面板上,"自/手"按钮(红灯亮),显示屏左下角显示"手动",确认"监听"激活(黄灯亮),按压上下箭头选择站名后,按压"预报""到站"按钮,报站正确,系统工作正常(须选择两个车站试播)。

b.按压"人工"按钮,报站播音中断,人工广播正常。

c.在车辆广播盒面板上单击"紧急"按钮后,按压上下箭头选择相应内容后,按压"设置"确认内容正确、系统工作正常,按压"取消"按钮中止。

④确认水泵、刮雨器、车头灯、空调的功能良好。

a.水泵喷水,刮雨器低速、高速动作正常,将头灯开关(4SC03)分别置于远光/近光位,将方向手柄推向后退位,下车确认头灯、尾灯显示正常。

b.在 ATI 显示屏上操作列车空调、通风工作,确认列车空调、通风功能良好。

⑤试灯。按压"试灯"按钮,确认其他指示灯亮。

### (4)客室车门试验

1)开左门操作

①手指口呼,司机台上的"左右门选"(8SC01)开关置"左门"位,"门允许"指示灯亮后,然后按压司机室内侧墙上的"开左门"按钮 3 s 以上,确认 ATI 显示屏与车体侧门状态显示灯正常。

②操作侧墙上关左门按钮,确认 ATI 显示屏与车体侧门状态显示灯正常。

③司机台开关左门按钮试验方法同上。

2)开右门操作

①手指口呼,司机台上的"左右门选"(8SC01)开关置"右门"位,"门允许"指示灯亮后,然后按压司机室内侧墙上的"开右门"按钮 3 s 以上,探头出去确认车体侧墙指示黄灯亮,再确认 ATI 显示屏与车体侧门状态显示灯正常。

②操作侧墙上"关右门"按钮,探头出去确认车体侧墙指示黄灯灭,再确认 ATI 显示屏与车体侧门状态显示灯正常。

③司机台开关右门按钮试验方法同上。

### (5)制动试验

1)停放制动

①主控手柄在"FB"位,按压"停放制动缓解/施加"按钮,"停放制动缓解/施加"按钮灯亮。ATI 显示屏常规→总体界面右下角显示黄色"停车制动"图标。

②主控手柄在"FB"位,按压"停放制动施加/缓解"按钮,"停放制动缓解/施加"按钮灯灭,ATI 显示屏常规→总体界面右下角显示黄色"停车制动"图标消失。

③保持停放制动缓解状态。

2)常用、紧急制动

①主控手在"FB"位,逐级缓解,确认制动缸风压和 ATI 显示制动级位一致,手柄回到"N"位确认"制动不缓解"灯灭。

②拍下紧急制动按钮,确认制动缸压力上升至 370 kPa 或 300 kPa 左右,"紧急制动施加"灯亮,"制动不缓解"灯亮,ATI 显示屏常规→总体界面右下角显示红色"紧急制动"图标。

③恢复紧急制动按钮。

### (6)牵引试验

①方向手柄回"0"位、主控手柄回"N"位,按压"VVVF/SIV 复位"按钮 3 s 以上,确认 ATI 架线电压(显示范围为 DC 1 000~1 800 V),确认 HB 常规→总体界面"HB"状态在"开"位。

②方向手柄回"F"位,主控手柄拉回"FB 快速制动"位,确认"紧急制动"灯灭,然后"鸣笛",将主控手柄推向"P1"位待电客车刚移动立即拉停列车,列车 ATI 应无故障显示,方向手柄"R"位,确认 ATI 显示非激活端运行方向显示"白色箭头"。

（7）换端

方向手柄回"0"位,主控手柄回"N"位,关闭钥匙,关好侧门,锁闭好通道门进行换端作业。

## 7.1.4　关车程序

①列车在指定股道停稳,关闭本端空压机,关闭钥匙,关好侧门,锁闭好通道门进行换端作业。在出库端,关列车负载(空调、司机室、客室照明、空压机、电热、头灯等)。

②施加停车制动,主控手柄在"FB"位,按压"停放制动缓解/施加"按钮,"停放制动缓解/施加"按钮灯亮。ATI 显示屏常规→总体界面右下角显示黄色"停车制动"图标。

③按压受电弓降按钮进行降弓,确认 ATI 显示屏显示受电弓降下,网压表显示为零(降弓之前,确认方向手柄回"0"位,主控手柄回"N"位,空压机不打风)。

④关主控钥匙、分蓄电池。

⑤报信号楼(信号楼××次××车在××道××段已经停妥,做好放溜)。

# 任务 7.2　电客车司机车辆应急故障处理指南

## 7.2.1　蓄电池故障

### （1）蓄电池电压表显示 0 V 故障

1）故障现象

司机按"蓄电池合"按钮,电压表显示为 0 V。

2）处理建议

检查激活端 Tc 车 DC 110 V 电压表断路器 3QF02 是否闭合。如未闭合,则重新闭合;如闭合或闭合后又跳闸,则通知 DCC 处理。

3）注意事项

3QF02 位于司机室一位侧电器柜。

### （2）蓄电池电压表显示低于 80 V 故障

1）故障现象

司机按"蓄电池合"按钮,电压表显示低于 80 V。

2）处理建议

通知 DCC 处理。如不能及时处理,司机立即请求换车。

### 7.2.2 受电弓故障

#### (1)两个受电弓不能升起

1)故障现象

按压受电弓升弓按钮,两个受电弓都未升起,网压表无网压显示。

2)处理建议

通知 DCC 处理。如不能及时处理,司机立即请求换车。

3)注意事项

①Tc 车 PANN 位于司机室一位侧电器柜。

②Mp 车 PANN 位于 Mp 车一位端一位侧电器柜。

③U01.2(U01)位于 Mp 车二位端二位侧电器柜。

#### (2)单弓未升起故障

1)故障现象

按压受电弓升弓按钮,ATI 显示有一个受电弓未升起。

2)处理建议

通知 DCC 处理。如不能及时处理,司机立即请求换车。

3)注意事项

①Mp 车 PANN 位于 Mp 车一位端一位侧电器柜。

②U01.2 位于 Mp 车二位端二位侧电器柜。

### 7.2.3 牵引系统故障

#### (1)牵引无指令

1)故障现象

ATI 显示屏上无牵引级位。

2)处理建议

司机先判断是否存在信号故障。若有信号故障,则按《设备设施故障处理指南》第 9 部分"2 号线信号专业"进行处理;若没有信号故障,则按以下操作步骤进行:

①非 ATO 模式下,确认"门选"开关在 0 位。若"门选"开关不能恢复在 0 位,则:

A.DKZ27 型电客车

a.若列车停在区间,则申请救援。

b.若列车在站台,则申请清客并换端。若可以动车,运行至就近存车线或场段退出服务;若仍不能动车,则申请救援。

B.DKZ75 型电客车

将司机室控制柜内"门选短路开关 8SC02S"闭合。

②确认客室所有车门关闭良好,"门关好"灯亮。若"门关好"灯不亮,按"车门系统"

第 36—40 条"司机台'门关好'指示灯不亮"的相应故障处理。

③确认列车紧急制动缓解。若 ATI 屏显示红色紧急制动图标,"紧急制动施加"指示灯亮,此时将主控手柄拉到"FB"位,然后尝试牵引。若列车紧急制动缓解,则继续运行;若紧急制动不能缓解,则按"制动、风源系统"第 19 条"全列紧急制动不缓解"的故障进行处理。

④确认司机室主控器控制断路器 MCN 闭合。若主控器控制断路器 MCN 跳闸,则进行恢复。

⑤以上操作无效,将"模式转换开关 4SC02"由 NORM 模式转换为 NRM 模式位。如能动车,则按行调命令执行。

⑥若仍不能动车,则:

a.若列车停在区间,则申请救援。

b.若列车在站台,则申请清客换端,然后按①—⑤操作。若可以动车,运行至就近存车线或场段退出服务;若仍不能动车,则申请救援。

3)注意事项

MCN 位于司机室一位侧电气柜。

### (2)全列车牵引无流

1)故障现象

牵引指令正常发出,但 ATI 显示屏常规模式总体栏显示所有动车 MM 电流为 0。

2)处理建议

司机先判断是否存在信号故障。若有信号故障,则按《设备设施故障处理指南》第 9 部分"2 号线信号专业"进行处理;若没有信号故障,则按以下操作步骤进行:

①确认网压为 1 000~1 800 V,如网压低需确认升弓状态。

②确认 ATI 显示屏所有动车高速断路器 HB 状态显示为"开"。若显示"关",则将主控手柄置于"N"位,方向手柄回到"0"位,按压司机台"VVVF/SIV 复位"按钮进行复位操作。

③确认主控手柄在牵引位时司机台"制动不缓解"灯灭。若"制动不缓解"灯亮,如有 ATI 报单车"制动装置不缓解"故障,则按"制动、风源系统"第 20 条"单车制动不缓解"的故障进行处理;如有 ATI 显示屏显示停放制动施加(未施加不显示,施加显示黄色),则按"制动、风源系统"第 21 条"停放制动不缓解"的故障进行处理。

上述操作后,若能动车,则继续运行;若不能动车,则申请救援。

### (3)单车无牵引

1)故障现象

ATI 显示屏常规模式总体栏显示某节动车 MM 电流为 0。

2)处理建议

首先降级至 ATP 模式:

①若一节动车故障

a.将主控手柄置于"N"位,方向手柄回到"0"位,重新按压司机台"VVVF/SIV 复位"

按钮。

b.若按"VVVF/SIV 复位"按钮后故障消除,则继续运行;若无效,则将司机室"故障单元切除开关 UCOS"按钮按下,并断开电制动切除空气开关 ELBN,运行到终点站退出服务。

②若两节动车故障

a.将主控手柄置于"N"位,方向手柄回到"0"位,重新按压司机台"VVVF/SIV 复位"按钮。

b.若按"VVVF/SIV 复位"按钮后故障消除,则继续运行;若无效,则将司机室"故障单元切除开关 UCOS"按钮按下,并断开电制动切除空气开关 ELBN,在本站清客后退出服务。

3)注意事项

①列车在区间发生该故障时,ATO 模式下,司机须立即将驾驶模式降级为 ATP 模式,报告行调并维持进站后处理。若当前驾驶模式为非 ATO 模式,司机将维持进站后处理。

②UCOS,ELBN 位于司机室一位侧电气柜。

### (4)司机主控制器手柄卡位的处理办法

1)故障现象

①司机主控制器手柄卡在牵引位不能回"N"位时。

②司机主控制器手柄卡在制动位不能回"N"位时。

2)处理建议

①司机主控制器手柄卡在牵引位不能回"N"位时:

a.在区间运行时,按住司机主控制器警惕按钮,防止因警惕按钮断开 6 s 列车开启紧急制动。

b.司机可反复操作司机台"门选"开关、转换左(右)位再置零的方法,尽可能维持运行至站台。必要时,可使用紧急制动按钮停车。

c.如果列车停在区间,则断开头端激活司机室控制断路器 CABN、主控制器控制断路器 MCN,将尾端模式开关转换在 NRM 模式位,在尾端操作推进到站后停车,清客后退出服务。

d.列车在站台发生该故障时,清客后按照步骤 c 操作,推进运行退出服务。

②司机主控制器手柄卡在制动位不能回"N"位时:

a.在区间运行时,保持制动位至停车。必要时,直接按下紧急制动按钮。

b.待列车停稳后,断开头端激活司机室控制开关 CABN、主控制器控制开关 MCN,将尾端模式开关转换到 NRM 模式位,在尾端激活司机台后,缓解制动,确认司机台"制动不缓解"灯灭,推进运行到站,清客后退出服务。

c.列车在站台发生该故障时,清客后按照步骤 b 操作,推进运行退出服务。

3)注意事项

①CABN,MCN 位于司机室一位侧电气柜。

②若手柄卡滞在牵引位,司机换端到尾端推进运行。当操作主控手柄缓解紧急制动

后回到 N 位时,列车立即执行牵引 1 级指令动车,司机根据行调要求在尾端操作主控手柄动车运行。

③当头端主控手柄卡位时,方向手柄在"前"位时,尾端只能推进运行。

(5)主控钥匙失效的处理办法

1)故障现象

①主控钥匙卡位在打开位时,无法转动。

②主控钥匙卡位在断开位无法转动到打开位或无法插入锁孔时。

③主控钥匙在断开位无法拔出时。

④司控器钥匙可旋转,但旋转无效。

2)处理建议

①主控钥匙卡位在打开位时,无法转动:

a.列车在正线运行,如涉及转动钥匙进行故障复位操作,主控钥匙卡位在打开位无法转动时,此时司机将操作端司机室控制开关 CABN 断开后闭合进行故障复位,列车维持运行到终点站退出服务。

b.列车在折返线换端时,如故障发生在入折返线一端,司机将故障端的司机室控制开关 CABN 断开,操作另一端运营一个单程后退出服务;如故障发生在出折返线一端,则正常驾驶运营一个单程后退出服务。

②主控钥匙卡位在断开位无法转动到打开位或无法插入锁孔时:

A.列车正线运行时,如涉及转动钥匙进行故障复位操作,主控钥匙卡位在断开位无法转动到打开位或拔掉钥匙无法插入锁孔时,则:

a.若列车在区间,则申请救援。

b.若列车在站台,则申请换端操作,在本站或下一站清客后退出到就近存车线。

B.列车在折返线换端时发生,向行调汇报,立即退出服务。

③主控钥匙在断开位无法拔出时:列车正常运营。

④司控器钥匙可旋转,但旋转无效。

当司控器钥匙可转动,但司机台不能激活时,查看司机室控制断路器 CABN 是否跳闸:

A.若跳闸,则进行复位对应断路器,继续运营。

B.若跳闸且无法复位(尝试 3 次无效),则:

a.若列车在区间,则申请救援。

b.若列车在站台,则申请换端操作,根据行调命令退出服务。

C.若未跳闸,则重新旋转司控器钥匙,尝试 3 次无效后,则:

a.若列车在区间,则申请救援。

b.若列车在站台,则申请换端操作,根据行调命令退出服务。

3)注意事项

①主控钥匙无法插入锁孔时,司机需要换另一把主控钥匙尝试操作。

②CABN 位于司机室一位侧电气柜。

### (6)警惕按钮卡滞(非 ATO 模式)

1)故障现象

①警惕按钮按下后 ATI 异常界面显示"警惕回路动作",紧制无法缓解。

②警惕按钮无法弹起。

2)处理建议

①警惕按钮按下后 ATI 异常界面显示"警惕回路动作",紧制无法缓解:

A.检查警惕按钮有无松动,如松动,手动紧固后,继续运营。

B.若警惕按钮状态良好或松动紧固后,紧制仍旧无法缓解,此时司机可尝试 3 次紧急制动缓解操作。若故障消失,则运营至终点站退出服务;若故障未消失:

a.若 ATO 可用,则转为 ATO 模式运营,终点站退出服务。

b.若 ATO 不可用,此时将 4SC01 模式开关转至 ATOM 模式,将 4SC02 模式开关转至 NRM 模式,人工驾驶运营至终点站推出服务。

②警惕按钮无法弹起:列车运行到终点站退出服务。

3)注意事项

①4SC02 位于司机室一位侧电气柜。

②4SC01 位于司机台右上角位置。

### (7)司控器级位混乱(非 ATO 模式)

1)故障现象

ATI 显示级位与司控器实际级位不一致。

2)处理建议

ATI 屏显示级位与司控器实际级位不一致的情况下,司机以 ATI 显示为准,运行至终点站退出服务。

### (8)单个受电弓降下

1)故障现象

ATI 常规模式显示一个受电弓降下。

2)处理建议

①DKZ27 型电客车:

a.列车单个受电弓维持进站,在站内重新按压受电弓升弓按钮,如故障消除,继续运行。

b.如在站内重新按压升弓按钮后故障仍存在,运行到终点站退出服务。

②DKZ75 型电客车:

A.列车单个受电弓维持进站,在站内重新按压受电弓升弓按钮,如故障消除,继续运行。

B.如在站内重新按压升弓按钮后故障仍存在:

a.若 2 车受电弓降下,则在本站清客后退出服务。

b.若 5 车受电弓降下,则运行到终点站退出服务。

3）注意事项

Mp 车 PANN 位于一位端一位侧电气柜。

### (9)两个受电弓降下

1）故障现象

ATI 常规模式显示两个受电弓降下，网压表显示为 0。

2）处理建议

①检查列车激活端司机室受电弓控制断路器 PANN 的状态。若跳闸，则闭合该断路器。

②如确认司机室受电弓控制断路器 PANN 闭合或跳闸后闭合，按压司机台升弓按钮升弓。如受电弓能正常升起，运行到终点站退出服务；如受电弓不能升起或司机室受电弓控制断路器 PANN 连跳，则：

a.若列车停在区间，则申请救援。

b.若列车在站台，则申请换端操作，换端后按下升弓按钮升弓，如受电弓工作正常，司机再转到前端驾驶，运行到终点站退出服务；如受电弓不能升起，则请求救援。

3）注意事项

Tc 车 PANN 位于司机室一位侧电气柜。

## 7.2.4　制动、风源系统故障

### (1)全列紧急制动不缓解故障

1）故障现象

司机推主控制器由 FB 位推向牵引位，ATI 屏显示红色紧急制动图标，司机台"紧急制动施加"灯亮。

2）处理建议

①信号系统原因

参考《设备设施故障处理指南》第 9 部分"2 号线信号专业"进行处理，如不能缓解，将模式开关 4SC02 转换到 NRM 模式。

②车辆系统原因

司机将主控手柄拉至 FB 位，按以下步骤执行：

A.确认总风压力：若压力表显示总风压力低于 600 kPa，待空压机打风到 700 kPa 以上后进行缓解。

B.检查激活端紧急制动按钮状态，若按钮被按下则将其恢复，缓解紧急制动。

C.非 ATO 模式下，检查警惕按钮状态是否正常。将警惕按钮按下，主控手柄由"FB"位推置"N"位，ATI 显示屏左上角是否有"异常"红色按钮。如有，则点击查看是否记录"警惕回路动作"。如有该记录，则按"牵引系统"第 14 条、第 15 条"警惕按钮卡滞（非 ATO 模式）"故障处理。

D.司机将模式开关 4SC02 转换到 NRM 模式后，确认司机室"激活司机室控制 CABN"

"主控器 MCN""制动控制开关 BVN1,BVN2""模式开关 1 控制断路器 4QF05"在闭合位。如跳闸,则重新闭合。

E.确认"ATP 切除指示灯"是否亮。若"ATP 切除指示灯"不亮,则关闭司控器主控钥匙后 3 s 重新打开,再次缓解紧急制动,此时若可以缓解,则运行至终点站后退出服务。

F.如以上均不能缓解,司机将按以下步骤操作:

a.将激活端司机室电气柜内的 5 km 短路开关 2SK04 闭合。

b.若按步骤 a 操作不能缓解,将激活端紧急制动短路开关 ESS 闭合。

c.若在激活端按步骤 a、步骤 b 操作后可缓解紧急制动,如列车在站台,则在本站清客后退出服务;如果列车在区间,则运行到前方站台清客后退出服务。若在激活端按步骤 a、步骤 b 操作仍不能缓解,则:

ⅰ.若列车停在区间,则申请救援。

ⅱ.若列车在站台,则申请清客并换端,换端后,司机将模式开关 4SC02 转换到 NRM 模式,并按照上述步骤 a、步骤 b 进行处理。若能缓解紧急制动,运行至就近存车线或场段退出服务;若仍无法缓解,报告行调请求救援。

3)注意事项

①BVN1,BVN2,4QF05,ESS 位于司机室一位侧电气柜。

②ESS 闭合后,车辆限速 20 km/h,如超过该速度,列车产生紧急制动。

③缓解紧急制动操作:方向手柄置于向"前"(后)位,主控制器手柄拉置"FB"位后再推至"N"位,制动压力缓解为 0。

④若仍无法缓解紧急制动,应将相应开关恢复到正常状态。

### (2)单车制动不缓解

1)故障现象

司机台"制动不缓解"灯亮,牵引时 ATI 屏显示单车"制动装置不缓解"故障,故障车侧红灯亮。

2)处理建议

①司机将主控手柄拉到 FB 位,然后再回 N 位,保持 2 s 后检查 ATI 总体画面列车 BC 压力是否缓解为 0。如能缓解,则运行到终点站退出服务。

②如果司机按上述尝试 3 次仍不能缓解,按下司机台"强迫缓解"按钮后,再次尝试牵引动车。如能动车,则运行到终点站退出服务。

③若无法动车,则将故障车 BECN 断路器断开后再次牵引动车。如能动车,则运行到终点站退出服务;如不能动车,则须按照"牵引系统"第 5 条、第 6 条"牵引无指令""全列车牵引无流"(除单车制动不缓解故障内容)进行处理。

3)注意事项

①"强迫缓解"作用后,ATI 显示故障车 BC 压力仍为未缓解的压力值。

②故障为一节车时,可运营到终点站;二节时,本站或下一站退出服务。

### (3)停放制动不缓解

#### 1)故障现象

ATI 显示屏运行画面停放制动显黄色图标;ATI 维修模式、制动装置界面下停放制动状态为"ON",同时故障车体外侧红色灯亮。

#### 2)处理建议

①全列停放制动不缓解

A.确认主风压力大于 700 kPa,"停放制动施加/缓解"按钮未被按下。若按下,再次按压该按钮进行缓解;若未被按下,操作该按钮"施加"后再按压该按钮进行缓解。

B.若头端按钮状态正常,则断开本端司机室制动控制 BVN3 断路器,若仍不能缓解,则:

a.若列车停在区间,则申请救援。

b.若列车在站台,则申请换端操作,尾端确认该按钮状态。如按下,则再次按压该按钮进行缓解。如无效,则断开尾端司机室制动控制断路器 BVN3。若在尾端可以缓解,司机再次换端到头端继续运行。若全列仍不能缓解,报告行调请求救援;若单车停放制动不缓解,按下面"单车停放制动不缓解"处理。

②单车停放制动不缓解

重新按压"停放制动施加/缓解"按钮,停放制动施加后再次按压该按钮进行缓解。若故障恢复,则继续运行;若未恢复,则降弓后将故障车转向架"制动缓解塞门J6"关闭,手动缓解故障车的停放制动,同时将故障车 BECN 断路器断开。

#### 3)注意事项

①出现停放制动不缓解时,司机需进"ATI 维修模式、制动装置界面"下检查停放制动状态,施加为"ON",缓解为"OFF",确认故障车辆。

②操作"停放制动施加缓解"按钮时,将主控手柄打置"FB 快制"位或在紧急制动下进行施加/缓解停放制动,缓解停放制动后并确认 ATI 显示屏运行画面黄色图标消失(需经10 s 左右),再推主控手柄动车。

③手动缓解停放制动时,将每台转向架的缓解拉链拉动(每台转向架两个,呈对角布置,均需要操作),并确认闸瓦脱开踏面。

④BVN3 位于司机室一位侧电气柜内,BECN 位于 Tc 车二位端一位侧电气柜内,中间车一位端一位侧电气柜内。

### (4)ATO/ATP 模式下 ATI 屏显示制动相关故障

#### 1)故障现象

ATO/ATP 模式下 ATI 屏显示制动故障,司机点击异常按钮,发现有制动故障记录。

#### 2)处理建议

在运行过程中发生该故障时,ATO/ATP 模式下,司机须报告行调并按行调指示将驾驶模式降级为 IATP 模式,进站后处理。若当前驾驶模式为非 CBTC 模式,则司机维持进站后处理。

3)注意事项

①制动故障,如制动力不足、制动不缓解等。

②若发现单车制动力丧失等同于单节车切除 J6 阀,则按规定限速执行。

### 7.2.5 辅助电源系统故障

#### (1)单台静止逆变器(SIV)异常

1)故障现象

常规模式总体栏显示单台 SIV 输出电压为 0(常规模式总体栏 SIV1 和 SIV2 均为 0)或无显示(常规模式总体栏 SIV1 和 SIV2 均无显示)。

2)处理建议

①单台 SIV 输出电压为 0(常规模式总体栏 SIV1 和 SIV2 均为 0)

a.列车到站停稳后,首先断开激活端司机室控制柜内"刷屏机控制断路器 4QF21"(适用于 DKZ75 型电客车),按压司机台"VVVF/SIV 复位"按钮,如故障消除,继续运行。

b.若故障未消除,且此故障为激活端 SIV,则断开激活端 SIVN 后 5 s 重新闭合。如故障消失,则继续运行。

c.若故障未消除,且此故障为非激活端 SIV,则终点站退出服务。

②单台 SIV 无显示(常规模式总体栏 SIV1 和 SIV2 均无显示)

a.列车到站停稳后,首先断开激活端司机室控制柜内"刷屏机控制断路器 4QF21"(适用于 DKZ75 型电客车),按压"ATI 复位"按钮。如故障消失,则继续运行。

b.若故障未消失,且故障在激活端,则确认激活端 SIVN 有无跳闸,跳闸则进行恢复,未跳闸则断开激活端 SIVN 后 5 s 重新闭合。若恢复无效,则终点站退出服务。

c.若故障未消失,且故障在非激活端,则终点站退出服务。

3)注意事项

SIVN,QFBN100(仅适用于 0222 车)位于司机室一位侧电气柜。

#### (2)两台静止逆变器(SIV)异常

1)故障现象

ATI 常规模式总体栏显示两台 SIV 输出电压为 0 或无显示。

2)处理建议

①检查司机室右侧屏网压表显示是否正常,正常网压为 1 000～1 800 V。

②若网压正常,则确认并操作激活端司机室电气柜内 SIVN 断路器在闭合状态,按压司机台"VVVF/SIV 复位"按钮。若复位后故障消除,则继续运行。

③若 SIV 仍未正常工作,断开激活端 SIVN 后 5 s 重新闭合。若故障消除,运行到终点站后退出服务;若仍无效,则在本站或前方站清客后退出服务。

3)注意事项

运行过程中出现两台静止逆变器(SIV)故障时,如风压在 600 kPa 以上,可维持进站,在站内处理。

### (3)空压机打风不止

**1)故障现象**

正常运行时,空压机持续工作,风压仍不上升,列车有明显的漏风现象。

**2)处理建议**

①如果风压维持在700 kPa以上,运行到终点站退出服务。

②如出现因风压低于700 kPa时,将激活端司机室"回送开关DES"和"紧急制动短路开关ESS"闭合,限速20 km/h运行,报告行调本站或前方站清客后退出服务。

③如主风压力小于500 kPa或停放制动施加时,司机应立即停车,向行调请求救援。救援时,司机下到车底将"制动缓解塞门J6"关闭,手动缓解停放制动,分别关闭故障列车和救援列车相连挂端的D1阀。

**3)注意事项**

DES,ESS位于司机室一位侧电气柜。

### (4)单台空压机不打风

**1)故障现象**

正常运行中总风压力降至800 kPa以下时,ATI显示有一台空压机不工作。

**2)处理建议**

①如果一个空压机打风维持在700 kPa以上,则继续运行到终点站。到终点站检查不工作的空压机Mp车的空压机投入控制CMCN断路器是否跳闸。若跳闸则闭合,闭合后确认不工作空压机恢复正常,继续运营;若未跳闸或闭合无效,可运行一个单程后退出服务,运行中随时观察总风压力。

②如果风压无法维持在700 kPa以上,将激活端司机室"回送开关DES"和"紧急制动短路开关ESS"闭合,限速20 km/h运行,报告行调本站或前方站清客后退出服务。

③如主风压力小于500 kPa或停放制动施加时,司机应立即停车,向行调请求救援。

**3)注意事项**

CMCN位于Mp车一位端一位侧电气柜。

### (5)两台空压机不打风

**1)故障现象**

正常运行中总风压力降至800 kPa以下时,ATI显示两台空压机不工作,风压不上升。

**2)处理建议**

①在ATI显示屏总体画面中确认静止逆变器SIV工作正常,有380 V交流输出。若无380 V交流输出,则按"两台静止逆变器(SIV)不启动"故障处理。

②检查激活端"空压机控制GMGN"断路器是否跳闸。若跳闸,则重新闭合。

③检查"空压机启动"按钮是否被按下。若未按下,则按下。

④若"空压机启动"按钮操作无效,则按压司机台上"强迫启动"按钮。如空压机能启动,可正常打风,司机将操作"强迫启动"按钮,保证总风压力在700 kPa以上,维持运营到终点站退出服务。

⑤如空压机仍不能启动,则报告行调在本站或前方站清客后请求救援。

3）注意事项

①GMGN 位于司机室一位侧电气柜。

②DES,ESS 位于司机室一位侧电气柜。

③"强迫启动"按钮为自复位型,按下后接通,松开后断开。

### 7.2.6　监控系统故障

#### (1)ATI 显示屏黑屏或死机

1）故障现象

ATI 显示屏无显示或死机(显示屏画面始终处于一种状态,触摸无效)。

2）处理建议

①列车在运行过程中出现"ATI 显示屏黑屏或死机"故障时,司机应按照车载信号TOD 的显示运行,到站后进行相关操作。

②到站后,将司机台"ATI 复位"按钮复位一次。

③若复位无效,断开司机室 ATI 显示单元 4QF01 断路器,5 s 后重新闭合。若故障消除,则可继续运行。

④若故障仍未消失,但 TOD 屏显示正常,司机台各指示灯状态显示均正常,且可正常动车,则运行至终点站后退出服务。

⑤若此故障引起不能动车,司机按下司机室"ATI 异常开关 ATIFS"。如能动车,则在本站或前方站清客后退出服务。

⑥若仍不能动车,则:

a.若列车停在区间,则申请救援。

b.若列车在站台,则申请清客并换端,换端后尝试动车。若能动车,运行至就近存车线或场段退出服务;若仍不能动车,则申请救援。

3）注意事项

①4QF01 位于司机室一位侧电气柜。

②ATI 异常开关 ATIFS 按下后,在任何牵引级位列车实施最大牵引,在 B1—B7 制动级位下产生最大 B7 制动。

③"ATI 异常开关 ATIFS"按下后,司机在 NRM 模式下限速 45 km/h 退出服务。

#### (2)ATI 屏通信中断

1）故障现象

ATI 屏显示"与总局的通信已断开,不能正常显示"。

2）处理建议

①待列车停稳后,检查司机室控制柜内 4QF02,4QF03,4QF04 这 3 个开关是否跳闸。若跳闸,则闭合。

②若这 3 个开关处于闭合状态,则断开这 3 个开关,5 s 后重新闭合,然后按压司机台上的"ATI 复位"按钮,观察 ATI 屏是否能恢复正常。

③若该故障仍存在,司机将按下司机室"ATI 异常开关 ATIFS"。如能动车,则在本站或前方站清客后退出服务。

④若仍不能动车,则:

a.若列车停在区间,则申请救援。

b.若列车在站台,则申请清客并换端,换端后尝试动车。若能动车,则运行至就近存车线或场段退出服务;若仍不能动车,则申请救援。

3)注意事项

①4QF02,4QF03,4QF04 位于司机室一位侧电气柜。

②ATI 异常开关 ATIFS 按下后,在任何牵引级位列车实施最大牵引,在 B1—B7 制动级位下产生最大 B7 制动。

③"ATI 异常开关 ATIFS"按下后,司机在 NRM 模式下限速 45 km/h 退出服务。

### (3)ATI 显示屏显示列车图标异常

1)故障现象

车辆号、时间、日期、空调状态显示不正确,受电弓图标显示异常等。

2)处理建议

①若故障不影响列车正常运行,在站内将"ATI 复位"开关复位一次,无论故障是否消失,仍继续运行。

②若此故障引起不能动车,按下司机室"ATI 异常开关 ATIFS"。如能动车,则在本站或前方站清客后退出服务。

③若不能动车,则:

a.若列车停在区间,则申请救援。

b.若列车在站台,则申请清客并换端,换端后尝试动车。若能动车,则运行至就近存车线或场段退出服务;若仍不能动车,则申请救援。

3)注意事项

"ATI 异常开关 ATIFS"按下后,司机在 NRM 模式下限速 45 km/h 退出服务。

## 7.2.7 门系统故障

车门隔离

### (1)全列车门打不开

1)故障现象

①列车已在规定位置停稳,司机台"门允许"灯不亮,ATI 显示屏显示全列车门为绿色,门不打开。

②司机台"门允许"灯亮,ATI 显示屏显示全列车门为绿色,门不打开。

2)处理建议

①列车已在规定位置停稳,司机台"门允许"灯不亮,ATI 显示屏显示全列车门为绿色,门不打开。

按《设备设施故障处理指南》第 9 部分"2 号线信号专业"进行处理,如车门仍无法打开,则：

a.若"门允许"灯仍不亮,检查司机室的"列车车门控制 8QF02"断路器是否跳闸。若跳闸,则闭合后正常开门;若跳闸无法闭合,则按第 d 条处理。

b.若"列车车门控制 8QF02"断路器是闭合状态,转 NRM 模式,门选开关转至相应开门侧,重新按压开门按钮开门。若车门可打开,则关门后恢复信号模式驾驶,下一站继续观察。若在信号模式下可正常开门,则继续运行;若故障再次发生,先排除信号故障后再按照上述步骤 a、步骤 b 进行处理,运行到终点站退出服务。

c.若车门仍无法打开,则闭合"零速短接开关 8SK01/8SK02(右门/左门)",重新按压开门按钮。若可开门,待车门关好后,将 8SK01/8SK02 开关恢复至原状态,运行到终点站退出服务。

d.若仍无法开门,换端激活列车,在 NRM 模式下开门清客后退出服务;若仍不能开门,则用客室内手动开门解锁装置开门,清客后退出服务。

②司机台"门允许"灯亮,ATI 显示屏显示全列车门为绿色,门不打开：

a.将 8SC01 转为手动开/手动关位置,门选开关转至相应开门侧,重新按压开门按钮开门。

b.如操作侧墙上开门按钮无效,司机按压司机台上相应侧的开门按钮开门。

c.若仍无法开门,换端激活列车,在 NRM 模式下开门清客;若仍不能开门,则用客室内手动开门解锁装置开门,清客后退出服务。

3)注意事项

①8QF02,DBY1,DBY2,8SK01/8SK02 位于司机室一位侧电气柜。

②司机手动解锁车门装置时,先将解锁手柄打到"解锁"位,后打开门盖板,将端子排上的断路器断开,开门后将解锁装置打至"恢复"位。

③"门允许"指示灯若不亮,但车门开关功能正常,可继续运营。

### (2)单门或部分车门打不开

1)故障现象

开门后,ATI 显示单门或部分车门为绿色。

2)处理建议

①将 8SC01 转为手动开/手动关位置,门选开关转至相应开门侧,再次按压开门按钮开门。

②若单门或多个门仍未打开,待乘客上下车完毕,按关门按钮进行关门。

③若"门关好"灯亮,则继续运行。若到下一站恢复正常,则继续运行;若到下一站仍无法开门,则进行检查、隔离。若"门关好"灯不亮,则按"门关好"指示灯不亮处理。

④单节车一侧一个车门打不开,隔离后正常运行或使用备用车替开。

⑤单节车一侧两个及以上车门打不开,隔离后运行到终点站退出服务。

3)注意事项

部分车门不包含单节整侧车门,是指多个非连续车门。

### （3）单节车整侧车门打不开或关不上

1）故障现象

开/关门时某节车门不动作。

2）处理建议

①将 8SC01 转为手动开/手动关位置，门选开关转至相应开门侧，再次按压相应的开关门按钮进行开关门操作。若车门动作正常，则继续运行。

②若上述操作无效，则到故障车检查车门控制断路器 8QF01 状态。若该开关跳闸，则闭合，司机再次按压相应的开门/关门按钮进行开/关门操作；若该开关未跳闸、跳闸后无法闭合或闭合后开/关门无效，则清客后退出服务（仅考虑列车在站台）。

3）注意事项

车门控制开关 8QF01 位于 Tc 车二位端一位侧、中间车一位端一位侧客室电气柜内。

### （4）司机台"门关好"灯不亮

1）故障现象

①关门后司机台"门关好"指示灯不亮，ATI 显示屏显示全列车门为黄色。

②关门后司机台"门关好"指示灯不亮，ATI 显示屏显示单个或部分车门为黄色。

③站台关门后司机台"门关好"指示灯不亮，ATI 显示所有车门为绿色。

④区间"门关好"指示灯不亮。

⑤区间"门关好"指示灯闪烁。

2）处理建议

①关门后司机台"门关好"指示灯不亮，ATI 显示屏显示全列车门为黄色：

a.司机将门选开关打到相应侧，按压司机台上相应的关门按钮关门。若关门无效，则按压再开闭按钮关门。

b.若关门无效，将激活端司机室"列车车门控制 8QF02"断路器断开 5 s 后闭合，断开前使用人工广播向客室通知"客车车门即将关闭，请勿上下车"。

c.若仍不能关门，报告行调当前站清客，将激活端司机室"模式转换开关 4SC02"由 NORM 模式转换为 NRM 模式位，然后闭合"2SK01 门全关短接开关"，并退出服务。

②关门后司机台"门关好"指示灯不亮，ATI 显示屏显示单个或部分车门为黄色：

a.司机重新开关门一次。

b.若仍有 1 个或 2 个车门关不上，手动将其关闭并隔离；若仍有 3 个及以上车门关不上，在当前站清客后退出服务。

c.DKZ27 型电客车：若车门处于全开位，且无法手动关闭，用方孔钥匙将其隔离，在当前站清客后退出服务；若车门处于半开位，且无法手动关闭，导致隔离锁无法隔离，司机将激活端司机室"模式转换开关 4SC02"由 NORM 模式转换为 NRM 模式位，然后闭合"2SK01门全关短接开关"，在当前站清客后退出服务。

DKZ75 型电客车：若车门处于未关闭状态，且无法手动关闭，导致隔离锁无法隔离，司机将激活端司机室"模式转换开关 4SC02"由 NORM 模式转换为 NRM 模式位，然后闭合"2SK01 门全关短接开关"，在当前站清客后退出服务。

③站台关门后司机台"门关好"指示灯不亮,ATI 显示所有车门为绿色:

a.检查 TOD 屏是否有推荐速度。若有推荐速度,则继续运行。若无推荐速度,检查 8QF02 断路器状态。若该开关跳闸,则闭合;若未跳闸,则重新进行一次开关门作业,检查 "门关好"灯状态。

b.若上述操作后"门关好"灯亮,则继续运行;若"门关好"灯仍不亮,司机再次确认 ATI 显示全部车门关闭良好。若 TOD 屏有推荐速度,则继续运行;若无推荐速度,则将"模式转换开关 4SC02"由 NORM 模式转换为 NRM 模式位,然后闭合"2SK01 门全关短接开关",运行到终点站退出服务。

④区间"门关好"指示灯不亮:

A.若能正常牵引动车,继续运行,后续各站均须确认所有车门关好方可动车,运行到终点站退出服务;若故障恢复,则继续运行。

B.若被迫停车,不能牵引,检查车门有无除绿色外其他颜色(已隔离显示白色的车门除外):

a.有车门蓝色,直接将其隔离。

b.有车门除绿色、蓝色外其他颜色,则将"模式转换开关 4SC02"由 NORM 模式转换为 NRM 模式位,然后闭合"2SK01 门全关短接开关",运行到前方站台,开关门后确认故障是否消失:

i.若消失,则恢复列车"2SK01 门全关短接开关",将"模式转换开关 4SC02"由 NRM 模式转换为 NORM 模式位,继续运行。

ii.若未消失,直接将其隔离。

c.若所有车门为绿色,检查 8QF02 断路器状态:

i.若 8QF02 开关跳闸则闭合,则继续运行;若跳闸后不能闭合,则将"模式转换开关 4SC02"由 NORM 模式转换为 NRM 模式位,然后闭合"2SK01 门全关短接开关",在确认所有车门关好后,运行到下一站换端开门清客后退出服务。

ii.若 8QF02 开关在闭合位,"门关好"灯仍不亮,则将"模式转换开关 4SC02"由 NORM 模式转换为 NRM 模式位,然后闭合"2SK01 门全关短接开关",在确认所有车门关好后,继续运行,后续各站均须确认所有车门关好方可动车,运行到终点站退出服务。

⑤区间"门关好"指示灯闪烁:

a.若列车没有发生 FSB,确认 ATI 所有车门关好后,继续运行。

b.若列车产生 FSB,则按"'门关好'指示灯不亮,区间'门关好'指示灯不亮"进行处理。

3)注意事项

①ATI 显示门图标红色:门故障;黑色:门通信异常;黄色:门打开;白色:门隔离。

②2SK01,4SC02,8QF02 位于司机室一位侧电气柜。

③8QF02 断开后,如门能关好且出现"门允许"指示灯不灭时,将门选向开关 8SC02 置于任一位,再次按关门按钮。

④按压开关门按钮时间应保持 500 ms 以上,开门时两个按钮应同时按压。

⑤若门关好且因隔离锁故障导致无法隔离,则将故障门端子排上的空气开关断开,故障门不受集控,ATI屏显示该门为黑色,司机凭"门关好"灯亮动车。

⑥若"门关好"灯不亮,所有车门关好的判断标准:ATI显示所有车门为绿色或显示为非绿色的车门已隔离成功。

### (5)ATI显示车门状态异常

1)故障现象

①区间ATI显示车门状态为红色,"门关好"指示灯亮。

②区间ATI显示车门其他颜色(红色除外)。

③站台开门后或关门后ATI显示车门为红色。

④站台开关门时ATI显示车门其他颜色(红色除外)。

2)处理建议

①区间ATI显示车门状态为红色,"门关好"指示灯亮:

a.ATO模式下车门状态显示红色异常,则待红色变为绿色后缓解信号产生的FSB后,继续ATO模式运行。若红色不消失(红色持续5 s以上),则降级为ATP模式并报告行调继续运行至前方站内,按"ATI显示车门状态异常,站台开门后或关门后ATI显示车门为红色"进行处理。

b.非ATO模式下,不处理,继续运行至前方站,按"ATI显示车门状态异常,站台开门后或关门后ATI显示车门为红色"进行处理。

②区间ATI显示车门其他颜色(红色除外):

黑色、黄色、蓝色、未被隔离但却显示白色:

若"门关好"灯亮,则继续运行;若"门关好"灯不亮,按"司机台'门关好'指示灯不亮,区间'门关好'指示灯不亮"进行处理。

③站台开门后或关门后ATI显示车门为红色:

a.待站台第一次关门作业完成后,司机重新进行开关门一次。

b.若关门后ATI显示该门为绿色,且"门关好"灯亮,则继续运行;若"门关好"灯不亮,则按第38条"司机台'门关好'指示灯不亮,站台关门后司机台'门关好'指示灯不亮,ATI显示所有车门为绿色"进行处理。观察后续状态,若重复出现,则按上述步骤操作。若在一个单程内在两个车站发生,司机直接将该门隔离,运行到终点站退出服务。

c.若关门后,ATI显示该门仍为红色,则手动将其隔离后继续运行。

d.司机操作关门后该门关不上,手动将其关闭并隔离后继续运行。

④站台开关门时ATI显示车门其他颜色(红色除外):

A.黑色、未被隔离但却显示白色:

a.若为非开门侧车门,关门后凭"门关好"灯亮继续运行。

b.若为开门侧车门,关门后若故障恢复,凭"门关好"灯亮继续运行;若故障未恢复,当前站凭"门关好"灯亮继续运行,观察后续状态。若故障持续两站未恢复或一个单程累计发生两次,则在到站时将其隔离。隔离后,不论ATI屏上显示该门为何种颜色,司机凭"门关好"灯亮继续运行。

B.蓝色、非开门侧车门显示黄色：

关门后，若"门关好"灯亮，则继续运行；若"门关好"灯不亮，先确认该门是否被紧急解锁。若是，则恢复并将其隔离；若不是，手动将其隔离。隔离后，不论ATI屏上显示该门为何种颜色，司机凭"门关好"灯亮继续运行。

### (6)司机室侧门无法关闭

1）故障现象

司机室侧门关不上。

2）处理建议

①确认司机室门锁闭装置旋转锁上的拨叉与锁定凸轮是否处于锁闭位置。如处在锁闭位，司机可用一字螺丝刀或钳子将复位气缸解锁拨片用力下压，使旋转锁拨叉的锁闭凹点离开锁定凸轮，人工解锁后再次关闭侧门。

②如旋转锁上的拨叉与锁定凸轮位置正常或上述处理后仍无法锁闭车门，司机立即向行调汇报，增派车站人员协助扶住车门或使用备用绳索将司机室侧门门把手与侧墙立柱临时固定后，运行到终点站退出服务。

3）注意事项

锁闭位置包括一级、二级锁闭。

### (7)司机室侧门无法打开

1）故障现象

司机室侧门打不开。

2）处理建议

①司机尝试用一字螺丝刀压下解锁拨片，使锁定凸轮转动，拨叉与锁定凸轮脱离锁闭位（包括一级、二级），进行手动解锁车门，运行到终点站退出服务。

②如果车门仍无法打开，则报告行调，根据行调指示运行到终点站退出服务。同时，行调通知车站人员协助司机确认站台安全及开关屏蔽门，上下客时司机打开侧门窗进行瞭望。

### (8)门选开关8SC02脱落

1）故障现象

门选开关8SC02脱落。

2）处理建议

司机尝试安装该开关，若能安装上，则继续运营；若无法安装，则使用钳子等工具转至所需位置继续运营，并报告行调。如无法恢复，则按以下操作：

①ATO模式下

A.门选开关在"左"位脱落，不影响列车牵引及开关门动作，可运行至终点站退出服务。

B.门选开关在非"左"位脱落，不影响列车牵引及自动开门动作。

a.到站后如可正常开门，须清客后退出服务（关门时，通过断开8QF02空气开关，使车门关闭，屏蔽门与车门在关门时不能联动。关门后降级为NRM模式（此时，后续各站均无法开门）〕。

b.到站后不能自动开门时,则立即换端激活,手动开模式操作开门,须清客后退出服务（可继续使用 ATO 模式）。

②非 ATO 模式下

A.门选开关在非"0"位脱落,列车将无法正常牵引,则:

a.若列车在区间,则申请救援。

b.若列车在站台,则申请换端推进运行,清客后退出服务。

B.门选开关在"0"位脱落:

a.若车门可自动打开,须清客后退出服务（关门时,通过断开 8QF02 空气开关,使车门关闭,屏蔽门与车门在关门时不能联动。关门后降级为 NRM 模式,此时后续各站均无法开门）。

b.若车门无法打开:

ⅰ.若列车在区间,则申请救援。

ⅱ.若列车在站台,则立即换端激活,手动开模式操作开门,须清客后退出服务（可继续使用原驾驶模式）。

3）注意事项

8QF02 位于司机室一位侧电气柜。

### (9) 门模式开关 8SC01 脱落

1）故障现象

门模式开关 8SC01 脱落。

2）处理建议

司机尝试安装该开关,若能安装上,则继续运营;若无法安装,则使用钳子等工具转至所需要的模式继续运营,并报告行调。如无法恢复,则按以下操作:

①在"自动开/手动关"模式下脱落,若到站可正常开门,则运行至终点站退出服务（驾驶模式可继续使用原来的驾驶模式）。

②在"自动开/手动关"模式下脱落且站台不能自动开门时,则立即换端激活,手动开模式操作开门,须清客后退出服务（驾驶模式可继续使用原来的驾驶模式）。

③在"手动开/手动关"模式下脱落,司机手动开门,运行至终点站退出服务（驾驶模式可继续使用原来的驾驶模式）。

## 7.2.8 空调系统故障

### (1) 故障现象

空调严重故障,不工作。

### (2) 处理建议

①如单节车两个空调单元出现故障时,运行至折返线检查相应车的 QF7 断路器状态。若跳闸,则将其闭合;如未跳闸,则断开 5 s 后再闭合。若复位无效,可继续运行。

②若有两节车空调故障且两节车不相邻时,可继续运行,否则运行到终点站退出服务。

③若两节以上空调故障时,运行至终点站退出服务。

### (3)注意事项

Tc 车 QF7 位于二位端二位侧电气柜,中间车 QF7 位于一位端二位侧电气柜。

## 7.2.9 列车广播系统故障及乘客信息系统

### (1)列车广播系统故障

1)故障现象

①列车自动广播不报或错报。

②广播控制盒黑屏或死机。

③ATI 屏报"PA 终点站失效"。

2)处理建议

①列车自动广播不报或错报:

a.在 ATO 模式下全自动模式广播故障,司机到站后复位 4QF07;在非 ATO 模式下司机到站后复位 4QF07,并在 ATI 屏上设置终点站、始发站和当前站。

b.处理无效,降级为自动模式广播。

c.自动模式广播故障降级为手动模式广播。

d.如手动模式下仍不能正常广播,司机人工语音广播运行至终点站退出服务。

e.如人工语音广播无法广播,运行至终点站后退出服务。

②广播控制盒黑屏或死机:

a.将激活端司机室广播控制 4QF07 开关断开,5 s 后重新闭合。

b.如处理无效,列车全自动广播功能正常,可继续运行;全自动广播故障,司机直接采用人工语音广播报站,运行至终点站后退出服务。

c.如人工语音广播无法广播,运行到终点站后退出服务。

③ATI 屏报"PA 终点站失效":

a.将激活端司机室广播控制 4QF07 开关断开,5 s 后重新闭合。

b.如处理无效,列车全自动广播功能正常,可继续运行;如全自动广播故障,司机直接采用人工语音广播报站,运行至终点站后退出服务。

c.如人工语音广播无法广播,运行到终点站后退出服务。

3)注意事项

司机室 4QF07 位于司机室一位侧电气柜。

### (2)单节车或单个 LCD 屏显示异常

1)故障现象

单节车或单个 LCD 屏黑屏、白屏、花屏等。

2）处理建议

①DKZ27 型电客车

在折返线将故障车 4QF10,4QF11 断路器断开 5 s 后重新闭合,无论故障是否消失,可继续运行。

②DKZ75 型电客车

在折返线将故障车 4QF09,4QF11 断路器断开 5 s 后重新闭合,无论故障是否消失,可继续运行。

3）注意事项

Tc 车 4QF09,4QF10,4QF11 位于二位端二位侧电气柜,中间车 4QF10,4QF10,4QF11 位于一位端二位侧电气柜。

## 7.2.10  司机室控制系统及其他系统

### (1)驾驶模式开关脱落

1）故障现象

ATO 模式开关旋钮 1 4SC01 脱落、模式开关旋钮 2 4SC02 脱落。

2）处理建议

司机尝试安装该开关,若能安装上,则继续运营;若无法安装,则使用钳子等工具转至所需要的模式继续运营,并报告行调,根据行调命令运行。

3）注意事项

①4SC01 位于司机台右上角位置。

②4SC02 位于司机室一位侧电气柜。

### (2)前照灯

1）故障现象

①远光灯故障。

②全部前照灯故障(含远光、近光)。

2）处理建议

①远光灯故障

司机重新操作前照灯旋钮开关至远光灯位。若故障恢复,则继续运行;若故障未恢复,则:

A.一个远光灯故障时,司机报告行调并加强前方瞭望,列车以正常速度运行至终点站,如有备用车,行调组织故障车下线备用车替开。

B.全部远光灯故障(近光灯正常):

a.确认司机室 4QF14 空开是否跳闸。若跳闸,则闭合后继续运行;若未跳闸,则复位 4QF14 空开。

b.若闭合或复位后无效,则司机报告行调,行调通知环调开启隧道区间施工模式照明,司机开启近光灯并加强前方瞭望,列车以正常速度运行至终点站,如有备用车,行调组织故障车下线备用车替开,同时行调安排故障车回段(场)抢修。

②全部前照灯故障(含远光、近光)

A.DKZ27 型电客车

a.司机重新操作前照灯旋钮开关至远光灯位。若故障恢复,则继续运行;若故障未恢复,则确认司机室 4QF14 空开是否跳闸。若跳闸,则闭合后继续运行;若未跳闸,则复位 4QF14 空开。

b.若闭合或复位后无效,则司机报告行调,行调通知环调开启隧道区间施工模式照明,司机加强前方瞭望,列车以正常速度运行至终点站,如有备用车,行调组织故障车下线备用车替开,同时行调安排故障车回段(场)抢修。

B.DKZ75 型电客车

a.司机重新操作前照灯旋钮开关至远光灯位。若故障恢复,则继续运行;若故障未恢复,则确认司机室 4QF14,4QF24 空开是否跳闸。若跳闸,则闭合后继续运行;若未跳闸,则复位 4QF14,4QF24 空开。

b.若闭合或复位 4QF14 后远光灯不亮、近光灯亮,则按远光灯故障执行。

c.若闭合或复位后远光灯、近光灯均不亮,则司机报告行调,行调通知环调开启隧道区间施工模式照明,司机加强前方瞭望,列车以正常速度运行至终点站,如有备用车,行调组织故障车下线备用车替开,同时行调安排故障车回段(场)抢修。

3)注意事项

司机室 4QF14,4QF24 位于司机室二位侧电气柜。

## 7.2.11　相关解释

①列车出现超出本文本中涉及的故障时,在保证行车、人身安全的情况下,应尽快动车,维持运营,最大限度减少对正线运营的影响。

②文中涉及本站或前方站,本站意思是指当前站;前方站意思是指运行方向的下一站。

③文中"单车"是指单节车或多节车;"全列"是指整列车。

④文中如涉及换端作业时,司机报告行调,行调根据列车故障位置、载客情况以及处理时间等状态组织换端作业,以及换端后的运行方式。换端前,需要恢复本端进行故障处理时操作过的空开、按钮、旋钮。换端时,如需客室车门保持打开状态,在换端前客室车门处于打开状态下于本端按下司机台"换端"按钮后再复位司控器钥匙。

⑤车门解锁、隔离操作方法:

A.手动紧急解锁车门步骤

将门选开关 8SC02 打至紧急解锁车门侧;若"门允许"灯亮,将紧急解锁装置解锁手柄打到"解锁"位,手动打开相应车门,开门作业完成后将解锁手柄打至"恢复"位,并将门选开关恢复;若"门允许"灯不亮或手动无法打开相应车门,则打开紧急解锁车门罩板,断开紧急解锁车门端子排上的断路器,将紧急解锁装置解锁手柄打到"解锁"位,手动打开相应车门,开门作业完成后恢复紧急解锁车门端子排上的断路器,将解锁手柄打至"恢复"位,手动关闭车门,锁闭车门盖板,并将门选开关恢复。

B.手动隔离车门步骤

若车门处于关闭状态,则打开门罩板用方孔钥匙将隔离锁隔离;若车门处于未关闭状态,则先将故障门端子排上的断路器断开,用手拉动门板使其关闭,关闭好后用方孔钥匙将隔离锁隔离,恢复断路器,车门盖板外侧红色灯亮。若红灯不亮,则确认隔离锁的锁舌伸出卡在吊板槽内,隔离锁行程开关被压下,此时不论 ATI 屏该门显示何种颜色,司机凭"门关好"灯亮动车。

⑥文中涉及关闭制动缓解塞门 J6 阀的操作时,关闭后司机确认 J6 阀一侧的车轮踏面与闸瓦分离,ATI 屏"异常"画面中显示"BC 塞门 1 操作"(1 位转向架)、"BC 塞门 2 操作"(2 位转向架),ATI 屏上相应车 BC 压力仍为切除前的制动压力。关闭制动缓解塞门 J6 阀时,如有停放制动施加,还需手动缓解停放制动;关闭制动缓解塞门 J6 阀时,未施加停放制动,则无须手动缓解停放制动。

⑦列车运行中出现明显与正常运行不同的声音,经司机判断为异音后,司机应立即检查制动不缓解指示灯、车门关好指示灯、紧急制动施加指示灯状态,确认 ATI 无影响行车故障记录且列车无异常晃动时,持续观察异音变化情况,维持列车运行,减小对正线运营的影响。当次列车发生异响后,行调应该安排后续列车注意观察。司机确认为异音后,应立即报告行调,行调及时安排相关专业人员添乘检查确认,同时安排后续列车观察线路、结构或其他设备情况。根据现场判断情况,按照以下方法执行:

A.一般异响

限速 40 km/h 密切观察一个区间,若声响仍维持不变时,报告行调后恢复正常运行速度密切观察运行至终点站退出服务。

在限速运行期间,若声响有明显恶化或持续变大的趋势,行调立即将该车扣停在前方站,并明确行车组织方式,同时通知相关专业人员及时赶往异音现场。

B.特殊异响

列车在运行过程中突发洪亮的"吭当"声、刺耳声,司机立即停车并报告行调,列车限速 25 km/h 密切观察运行一个区间。在限速运行过程中,若异音消失,列车恢复正常速度运行至终点站退出服务;若异音变小,列车限速 40 km/h 密切观察运行至终点站退出服务;若异音持续不变或恶化,列车运行至前方站清客,行调组织列车限速 15 km/h 至就近存车线退出服务。

⑧若列车因故停在区间且两台 SIV 无法正常工作时,司机应立即按下司机室控制柜内"EPSB 应急电源启动按钮"启动客室紧急通风,待 SIV 恢复正常工作后将"EPSB 应急电源启动按钮"恢复;若列车因故停在站台且两台 SIV 无法正常工作时,司机应立即打开车门清客。

### 7.2.12　限速运行及其他要求

文中如果关闭制动缓解塞门 J6 阀,列车自身动力牵引时需限速运行,见表 7.1。

表 7.1　限速运行及其他要求

| 切除制动缓解塞门车数 | 限速及其他要求 |
| --- | --- |
| 切除一节车 | 人工限速 50 km/h,运营到终点站退出服务 |
| 切除二节车 | 人工限速 30 km/h,在本站或人工驾驶运营到下一站清客后退出服务 |
| 切除三节车 | 人工限速 20 km/h,在本站或人工驾驶运营到下一站清客后退出服务 |
| 切除四节车及以上 | 禁止动车,需要救援 |

# 任务 7.3　电客车司机信号应急故障处理指南

## 7.3.1　无法建立 IATP 或 IATP 不可用

(1)运营模式

适用于 IATP(无通信)模式。

(2)司机处理

①检查门选开关在 0 位且方向手柄在向前位。

②检查列车门关好灯是否已点亮,且"门允许"灯已熄灭。若"门关好"灯未点亮或者"门关好"灯和"门允许"灯同时点亮,则执行第③步操作;若"门关好"灯亮且同时"门允许"灯处于熄灭状态,则执行第④步操作。

③将门选开关打至站台所在侧位置,按压对应侧关门按钮。若 IATP 模式仍不可用,则执行第④步操作。

④检查 ATP 门使能旁路开关是否在正常位置(DBY1 在断开位,DBY2 在闭合位)。若不在正常位置,则将 ATP 门使能旁路开关恢复至正常位置;若门使能旁路开关在正常位置,则执行第⑤步。

⑤司机驾驶列车以 RM 模式越过信号机前动态信标,TOD 显示 IATP 可用后,不停车直接从 RM 转至 IATP 模式。如以 RM 模式运行至下一个站台仍无法恢复 IATP,建议按照车载设备重启步骤进行重启作业。

(3)故障原因

门选开关位置不正确;车门未关好。

### 7.3.2　IATP 模式下区间道岔防护信号机前推荐低速

（1）运营模式

适用于 IATP（无通信及有通信）模式。

（2）司机处理

①检查确认 TOD 显示除推荐低速外无其他异常显示。

②司机控制列车停稳后将模式开关 1 由 IATP 模式转换为 RM 模式。

③司机以 RM 模式驾驶列车通过前方道岔防护信号机后，待驾驶模式显示区显示 IATP 模式可用以后，不停车将模式开关 1 由 RM 模式转换为 IATP 模式。

④司机按 TOD 提示驾驶列车以 IATP 模式运行。

（3）故障原因

未接收到预告信标信息。

### 7.3.3　ATP/ATO 模式下区间道岔防护信号机前推荐低速

（1）运营模式

适用于 ATP/ATO 模式。

（2）司机处理

①检查确认 TOD 显示除推荐低速外无其他异常显示（如无线通信、报警信息）。

②ATO 模式下待列车停稳后，报告行调，由行调确认前方进路是否建立。

③如进路未建立，待进路建立，按压 ATO 发车按钮继续运行。

④如进路建立，列车采用可用的降级驾驶模式。

（3）故障原因

前方进路未建立或列车未收到移动授权。

### 7.3.4　TOD 显示通信中断、列车无法定位或列车失去通信

（1）运营模式

适用于各模式。

（2）司机处理

①列车停稳后，将模式开关 2 打到 NRM 模式位，断开 ATON1—ATON6，行驶至下个站台停车。

②列车在站台将 ATON1—ATON6 开关合上（CC 在上次断电至再次上电需间隔 40 s 以上，且 ATON1-4 开关必须同时闭合），并且在 NRM 模式下完成。开关门作业后，以 NRM 模式继续运行两个站间区间。

③列车自 CC 重启到投入当前运行模式前，要求行驶两个区间。列车在站台以 NRM

模式完成开关门作业,之后将模式开关 2 转至 NORM,若列车有定位且当前运营模式可用或至少 IATP 模式可用,则将模式开关 1 转至当前运营模式或"IATP"。

④重启后,如果 TOD 仍然显示"TOD-CC 通信中断"或无法定位,司机可重复上述步骤①—步骤③,若重复后仍无法投入运行,司机将情况告知行调,执行行调命令。

**(3)故障原因**

CC 死机。

### 7.3.5　TOD 死机(显示信息不更新或黑屏、卡屏)或维护模式

**(1)运营模式**

适用于各模式。

**(2)司机处理**

如列车无 EB,FSB 防护停车,司机需将列车拉停,转为 NRM 模式运行使列车进站停稳进行开关门作业后。执行步骤③。

①如故障发生时列车处于停稳状态,将模式开关 2 转为 NRM 模式位,执行步骤③。

②将 ATON6 开关打下 2 s 后再合上,列车采用 NRM 模式运行至下一站,开关门作业完成后,将模式开关 2 转为 NORM 模式,采用 TOD 显示可用模式运营。如故障未恢复,模式开关继续转为 NRM 模式位,运行至下一站开关门作业完成后,按照下述步骤执行重启车载 CC。

③断开 ATON1—ATON6,行驶至下一站台停车。

④列车在站台将 ATON1—ATON6 开关合上(CC 在上次断电至再次上电需间隔 40 s以上,且 ATON1-4 开关必须同时闭合),并且在 NRM 模式下完成。开关门作业后,以 NRM模式继续运行两个站间区间。

⑤列车自 CC 重启到投入当前运行模式前,要求行驶两个区间。列车在站台以 NRM模式完成开关门作业,之后将模式开关 2 转至 NORM,若列车有定位且当前运营模式可用或至少 IATP 模式可用,则将模式开关 1 转至当前运营模式或"IATP"。

⑥重启后,如仍未故障恢复,司机将情况告知行调,执行行调命令。

**(3)故障原因**

TOD 死机。

### 7.3.6　定位丢失

**(1)运营模式**

适用于各模式。

**(2)司机处理**

定位丢失会导致列车 IATP 以上的模式均不能建立,若列车正在以当前模式在正线运行时,丢失定位会导致 EB。此时,司机执行行调命令将模式开关转至 RM 或 NRM 模式运

行,读取两个连续的静态信标(两个静态信标间无道岔)后,可重新建立定位,待定位建立且驾驶模式显示区显示 IATP 及以上模式可用后司机将驾驶模式转至 IATP 模式或运营模式。

(3)故障原因

CC 死机。

## 7.3.7 FSB 施加

(1)运营模式

适用于各模式。

(2)司机处理

司机可不停车移动司控器手柄到 B7 位保持 1 s 以上进行缓解。如果司控器原本在 B7 位时施加了 FSB,此时司机需将手柄回至其他位再拉至 B7 位保持 1 s 进行缓解。如不能缓解,可重复一次,仍无法缓解需进行降级转换驾驶模式开关 1 再进行缓解。

(3)故障原因

超速、信号故障等。

## 7.3.8 EB 施加

(1)运营模式

适用于各模式。

(2)司机处理

列车产生 EB 后,司机待列车停稳后,移动司控器手柄到 FB 位保持 1 s 以上进行缓解。如果司控器原本在 FB 位时施加了 EB,此时司机需将手柄回至其他位再拉至 FB 位保持 1 s 进行缓解。如不能缓解,可重复一次,仍无法缓解需进行降级转换驾驶模式开关 1 再进行缓解。

(3)故障原因

超速、列车完整性丢失等。

## 7.3.9 车门、屏蔽门无法联动正常打开的问题

(1)运营模式

适用于 IATP(带车-地通信)、ATP 模式和 ATO 模式。

(2)司机处理

①如果列车停站到位不能联动开时,观察 TOD 是否显示列车到位图标“ S ”。

②如果有图标显示,将列车运行门模式切换至手动模式,按压开门按钮,手动开关车

门/屏蔽门（可联动）。

③如第①步无图标显示，或第②步无法手动开门、无联动时，根据情况车门需打门旁路开关转换至 DBY 进行手动开关门作业（注意转换门选项开关）。屏蔽门需要进行 PSD 互锁解除操作（其互锁解除状态需保持至屏蔽门关闭后方可恢复）。开关门作业完成后，按 TOD 显示可用模式运行。

（3）故障原因

列车丢失通信等。

### 7.3.10　当前驾驶模式不可用时

（1）运营模式

适用于所有模式。

（2）司机处理

列车在运行中或在站台发车时，如无法使用当前的驾驶模式动车时，可观察 TOD 显示可用驾驶模式由高至低的原则选择驾驶模式。运行中规定的驾驶模式可根据模式操作情况进行模式飞转。

（3）故障原因

误操作，设备故障。

### 7.3.11　ATO 进站速度异常

（1）运营模式

适用于 ATO 模式。

（2）司机处理

如司机未提前收到行调越站命令，司机观察 ATO 进站后列车速度未按照正常情况减速或在接近停车标时速度有上升的趋势，司机需直接使用主控手柄施加制动，待列车停稳后采用可用模式进行人工对标。

（3）故障原因

CC 故障。

### 7.3.12　ATO 站台异常停车故障

（1）运营模式

适用于 ATO 模式。

（2）司机处理

ATO 模式下列车在进站过程中，任何情况下如果出现在站台区域停车的情况，司机需将驾驶模式切换至 ATP 及以下驾驶模式对标停车。

(3)故障原因

CC 故障。

### 7.3.13 "门允许"灯常亮

(1)运营模式

适用于所有模式。

(2)司机处理

①司机操作车门关闭后发现"门允许"灯常亮时,将门选打至对应侧,再次按压关门按钮并保持 3 s。

②如"门允许"灯仍点亮,检查 ATP 门使能旁路开关是否在正常位置(DBY1 在断开位,DBY2 在闭合位)。若不在正常位置,则将 ATP 门使能旁路开关恢复至正常位置;若门使能旁路开关在正常位置,则执行下一步骤。

③司机驾驶列车以 RM 或 NRM 模式驾驶列车出站,如使用 RM 模式越过信号机前动态信标,根据 TOD 显示模式可用,转换可用模式驾驶。如使用 NRM 模式,至下一站尝试恢复当前模式。

④如以 RM 或 NRM 模式运行至下一个站台仍无法恢复当前模式,建议按照车载设备重启步骤进行重启作业。

(3)故障原因

接口问题,误操作,设备故障。

## 任务 7.4  列车冲欠标故障处理

### 7.4.1  ATP 模式下欠标

(1)运营模式

适用于 ATP 模式。

(2)司机处理

如司机在车站停车窗前停车,列车车门打不开,司机必须向前移动列车与站台对齐。操作程序如下:

①列车停在停车点之前,TOD 未显示"$\boxed{S}$"图标。

②TOD 上显示非零的推荐速度,司机继续以 ATPM 模式对标停车。

③对标停车后将司控器置于"FB"位,TOD 显示"$\boxed{S}$"图标。

④司机进行正常的开关门作业。

⑤仍未显示,或无法开门,按照车门、屏蔽门联动无法正常打开的问题操作。

### 7.4.2　ATPM 模式下过标小于 5 m

**(1)运营模式**

适用于 ATP 模式。

**(2)司机处理**

如果司机停车超过车站停车位置窗,列车车门不打开;司机可重新将列车与正常的停车位置对齐。

1)停靠站台的尾端无道岔操作程序

①停车超过停车位置小于 5 m,TOD 显示"⬛"图标。

②司机将"方向控制器"打到"反向"位置,TOD 显示"⬛"图标。

③司机向后驾驶列车至停车位置,TOD 显示"⬛"图标。

④司机将"方向控制器"打到"前进"位置。

⑤进行正常的站停操作。

2)停靠站台的尾端有道岔操作程序

①停车超过停车位置小于 5 m,TOD 显示"⬛"图标。

②司机向调度请求恢复列车越标,司机和调度共同负责保证列车尾端进路安全。

③司机按压"ATO 发车按钮",TOD 显示"⬛"图标。

④司机将"方向控制器"打到"后退"位置,TOD 显示"⬛"。

⑤司机后退列车至停车位置,TOD 显示"⬛"图标。

⑥司机将"方向控制器"打到"前进"位置。

⑦司机进行正常的开关门作业。

**(3)注意事项**

①如冲标后,TOD 没有显示图标,则转换驾驶模式为 RM 进行后退对标,并且进行手动开关车门及屏蔽门。

②冲标 5 m 以上直接转 RM 对标,并且会丢失定位。

### 7.4.3　ATO 冲标 5 m 以上

**(1)运营模式**

适用于 ATO 模式。

（2）司机处理

需将列车驾驶模式转换到 RM 模式进行重新定位，门旁路开关转换至 DBY 进行手动开关门作业（注意转换门选项开关），并需要进行 PSD 互锁解除操作。开关门作业完成后，按 TOD 显示可用模式，根据运营相关规定由高至低选择驾驶模式。

（3）故障原因

车门、屏蔽门不能正常打开，ATO 模式不能建立。

## 7.4.4 ATO 冲标 0.5~5 m

（1）运营模式

适用于 ATO 模式。

（2）司机处理

系统允许司机将驾驶模式切换至 ATP 模式，倒车对标停车，可开关屏蔽门（正常情况下无须进行 PSD 互锁解除操作），ATO 模式能够重新建立。

（3）故障原因

不能正常开关屏蔽门。

## 7.4.5 ATO 冲标 0.3~0.5 m

（1）运营模式

适用于 ATO 模式。

（2）司机处理

系统允许司机以 ATP 模式再次倒车对标停车，或以 ATP 模式出站后再飞转回 ATO 模式。

（3）故障原因

屏蔽门可正常打开，但 ATO 不能发车。

## 7.4.6 ATO 模式欠标

（1）运营模式

适用于 ATO 模式。

（2）司机处理

如 ATO 模式下列车在停车对位标前停车，列车车门不打开；司机必须向前驾驶列车与站台对齐。

操作程序如下：

①列车在停车标前停车，TOD 未显示"![S]"图标。

②司机将司控器移至"FB"位置。

③司机将模式开关 1 转到"ATPM"。

④司机向前驾驶列车至停车位置,TOD 显示"S"图标。

⑤司机按正常情况进行开关门作业。

⑥司机确认车门和屏蔽门关闭好后,TOD 显示非零的推荐速度。

⑦司机可按 TOD 上显示的驾驶模式,根据运营相关规定选择驾驶模式后出站。

### 7.4.7 列车自动折返过程中出现异常停车

**(1)运营模式**

适用于 ATB 模式。

**(2)司机处理**

①当列车以 ATB 模式进行折返的过程中发生非正常的制动或其他情况导致折返失败时,若此时列车还未进入折返轨,则需要司机将主控端驾驶模式转至 ATP 或其他可用模式(除 ATB,ATO 的其他模式),打开主控钥匙行至折返轨停车点,然后将本端模式转至 ATB,进行常规换端和进站操作(使用除 ATB,ATO 以外的可用模式操作)。

②若此时列车折返后发生非正常的制动或其他情况导致折返失败时,则需要司机将主控端(列车运行方向的后端)转至 ATP(除 ATB,ATO 的其他模式),然后将另一端的驾驶模式转至 ATP 或其他可用模式(除 ATB,ATO 的可用模式),开启此端主控钥匙正常进站,进站后将后端的驾驶模式转为 ATB。

**(3)故障原因**

误操作,设备故障。

### 7.4.8 IATP 驾驶模式下车门无法打开

**(1)运营模式**

适用于 IATP(无通信)模式。

**(2)司机处理**

①检查确认列车是否已对标停车(TOD 显示停车距离为小于等于 0.5 m,有停车到位图标显示)。

②若 TOD 显示停车距离小于 0.5 m 且有停车到位显示或者停车距离小于 0.5 m 但无停车到位显示,则执行第④步;若停车距离大于 0.5 m,则执行第③步。

③将模式开关 1 转换至"RM"位置,以 RM 模式驾驶列车进行对标。若未到标停车,须先将模式开关 1 转换至"RM"位置,再驾驶列车向前运行进行对标;若过标停车,则必须先将模式开关 1 转换至"RM"位置,再将方向手柄打至向后位,驾驶列车后退进行对标。待 TOD 上出现站台对位标后,方向手柄打至前进位,主控手柄放在 FB 位,将模式开关 1 转

换至"IATP"位置,门选开关转至站台所在侧位,需按压 3 次才能开门:第一次是得出 TOD 上开门提示图标,第二次是给出门允许,第三次是开门(每次按压按钮需持续 2 s 以上)。若仍无法开门,则执行第④步操作。

④将门旁路开关转到旁路(DBY1 闭合,DBY2 断开),将门选转至站台所在侧位置,执行开门操作。开关门作业完毕后,需将门旁路开关恢复至正常位置(DBY1 断开,DBY2 闭合)。若仍无法开门,则执行第⑤步操作。

⑤将模式开关 2 打至 NRM 模式,将门选转至站台所在侧位置,执行开门操作。

⑥若仍无法开门,则按车辆专业相关处理程序执行。

(3)故障原因

列车未对准标停车;信号故障。

# 项目八 乘务运作

## 任务 8.1 电客车司机一次作业流程

### 8.1.1 司机出勤作业

司机出勤作业规定如下：

①出乘前 10 h 严禁饮酒或服用影响精神状态的药物，充分休息，保持精力充沛。

②按照出勤时间提前 15 min 到达派班室，按规定着装，进行测酒，抄写当日行车揭示、调度命令，做好安全预想，学习相关文件，班前提问（出勤答题），到派办员处办理出勤。

③出勤时，领取《司机报单》及行车备品。此外，场段出勤还需要领取《列车状态记录卡》，确认其数量齐全、状态良好，在借用登记簿上进行登记。

④在场段出勤后，了解列车状态和停放股道位置，到达相应股道后按规定整备列车；在正线出勤后，认真确认接车车次和位置，提前 1 min 到达指定位置立岗接车。

⑤出乘前，必须认真听取派班员、场段调度的指示和要求，有疑问时必须问清楚。

电客车司机
出退勤作业
流程

### 8.1.2 整备作业

**（1）列车出车辆段前整备作业规定**

整备作业时到达规定的股道，核对列车状态和停放股道位置与《列车状态记录卡》一致，并对《列车状态记录卡》中记录的故障进行现场确认。若发现有影响行车的故障，应立即汇报；作业前，确认列车两端无警示标志，周围无异物侵限。

采用目视、手动和耳听的方式，做好列车整备和试验，确保电客车在投入服务前状态良好。

司机在出车辆段前，应在 ATI 上输入列车车次号，并在《列车状态记录卡》上填写好里程表的千米数。

按整备列车作业标准进行检车作业，发现列车故障及时报信号楼值班员。

### (2)电客车凭自身动力调车前整备作业规定

按照调车计划单到达规定的股道后,司机确认股道、车组号符合计划,列车两端无警示标志,周围无异物侵限。

采用目视、手动和耳听的方式,做好列车整备和试验,确保电客车调动前状态良好。发现电客车故障或不符合运行安全要求时,应立即向车辆段调度报告,并按车辆段调度的指示执行。

电客车凭自身动力调车前整备作业内容如下:

①列车前后照明。

②列车车载台与信号楼通信。

③牵引、制动性能良好。

④对列车外部进行巡视检查。

## 8.1.3 出场段作业

### (1)列车出车辆段/停车场流程

列车整备完毕向信号楼值班员汇报,信号楼值班员安排列车出段。

电客车带故障出车辆段时,司机比照《设备设施运用规定 第1部分 电客车》执行,认真确认故障内容。故障内容超出范围时,报车辆段(停车场)信号楼。

司机在车辆段或停车场库内整备作业时,将列车非出库端司机室模式开关4SC01转至ATB模式,模式开关4SC02转至NORM位,门模式开关转至自动开/手动关位。出库端模式开关4SCO1转换到RM位,模式开关4SCO2转至NORM位,门模式开关转至自动开/手动关位。在ATI屏中查询接车千米数,并在《列车状态记录卡》上填写好千米数。

具备动车条件后,列车出段(场)凭发车股道出库地面信号机显示的黄色灯光(渭河车辆段2—10道以外其他线路凭调车信号机白色灯光),与车辆段(停车场)信号楼值班员进行发车联控,打开司机室侧窗探头确认无人、无障碍物侵限,鸣笛动车,库内限速5 km/h运行。电客车车头出库后在库门外平交道口前一度停车,确认无人、无障碍物后鸣笛动车限速15 km/h运行,列车尾部出清库门后以RM限制速度(限速25 km/h)运行。

电客车运行到出段(场)信号机Szrd/Xzrd,Szcd/Xzcd前必须一度停车,并与信号楼进行联控,得到信号楼同意并确认出段(场)信号机Szrd/Xzrd,Szcd/Xzcd开放后,按信号机显示动车进入转换轨。

因运营秩序调整或生产需要等其他特殊原因,需要电客车在出段(场)信号机Szrd/Xzrd,Szcd/Xzcd前不停车直接进入转换轨时,信号楼可向司机口头命令通知并做好记录,司机确认出段(场)信号机Szrd/Xzrd,Szcd/Xzcd开放正确,按照信号楼通知命令在出段(场)信号机Szrd/Xzrd,Szcd/Xzcd前不停车直接运行到转换轨停车。

### (2)列车转换轨运行的注意事项

列车以RM模式运行到转换轨对标停车后司机报告行调,确认地面信号开放后将模式开关4SC01转换为iATPM模式,凭地面信号、行调命令按《运营时刻表》动车。

待列车尾部越过地面信号机且 TOD 屏显示 ATPM 模式可用后,先将模式开关 4SCO1 转换至 ATPM 模式(禁止由 iATPM 模式直接转换为 ATO 模式)。

确认轮径校正图标消失且 ATO 模式可用,司机将 ATPM 模式飞转为 ATO 模式(轮径校正图标未消失时,继续采用 ATPM 模式驾驶),凭车载信号显示运行。

列车运行至北客站上行站台对标停车,待乘客上车完毕,以 ATO 模式运行。若 ATO 模式不能投入时,应立即报告行调,按行调命令执行。

### 8.1.4 正线作业

电客车司机
正线驾驶
作业流程

#### (1)交接班作业

①列车到达车站开门作业完毕后,到达司机关门后动车,接车司机与到达司机核对车次,清点备品,确认状态卡,交接列车状态,行调命令以及早晚点信息并运行至下一站。

②交接班司机在列车运行时共同执行"手指口呼"制度。

③下一站对标停稳、开门作业完毕后,到达司机下车,接车司机开始站台作业。

#### (2)区间作业

①列车运行中,严格执行"动车集中看,瞭望不间断"的行车原则,保持坐姿端正,双手按规定摆放。

②出站 200 m 左右监听广播。

③遇道岔、百米标、站名标及列车运至站台中部时,执行呼唤应答制度。

#### (3)站台作业

1)列车到站停稳后作业

眼看停车到位标,目视"门允许"灯,手指口呼确认 ATI 显示屏车门开启,口呼"车门开启"。

2)站台作业

身背对讲机,携带手持台下车,面向站台站立,手指口呼确认双门开启。

3)站台立岗

在立岗作业区,面向站台方向,目视屏蔽门全部开启,监控乘客上下车。

4)关门作业

口呼"关左门",并按压关门按钮。

5)双门关闭后站在空隙处,手指空隙口呼

"双门关闭,空隙安全",扭头确认站台 CCTV 安全后进入司机室。

6)动车前作业

手指口呼"'门关好'灯亮,道岔直股/侧股,推荐速度有",口呼"ATO 发车",按压 ATO 发车按钮。

#### (4)终点站及始发站作业(到达司机)

①列车到达终点站对标停稳后,开司机室灯手指确认时刻表折返时间,司机手指 ATI 屏确认车门开启,口呼"车门开启";到站台立岗手指口呼确认"双门开启"。

②凭站台人员"清客好了"信号,按压关门按钮,手指口呼确认"双门关闭、空隙安全",眼看确认站台 CCTV。

③司机进入司机室手指口呼确认"门关好"灯亮,道岔位置正确,TOD 屏推荐速度有且 ATB 模式可用,将模式开关 1 转至 ATB 位,确认 ATB 模式变黄后按压自动折返按钮,确认 ATB 模式投入、自动折返图标出现后方向手柄回零位,关闭主控钥匙,按下 ATO 发车按钮。

④列车启动进入折返线,待列车停稳后与接车司机进行交接。交接完毕后,关闭列车头灯、司机室照明。

⑤待列车出折返线在站台停稳后,司机带齐行车备品,锁好通道门,并反推确认后下车,用对讲机联系接车司机"到达司机已下车、通道门已锁好"。

### (5)终点站及始发站作业(接车司机)

①司机在站台尾端提前 1 min 立岗接车,并确认发车时间。

②到达列车头部越过车站端墙后,接车司机用对讲机联控"接车司机已到位",到达司机回复"收到"。

③待列车停稳后,司机经客室从通道门进入司机室,锁闭司机室通道门,使用对讲机联控"接车司机已上车",到达司机回复"收到"。

④与到达司机进行交接,交接完毕后执行"接车五部曲"。

⑤待列车自动折返至上/下行站台停稳后,手指 ATI 屏确认车门开启、口呼"车门开启",到站台立岗手指口呼确认"双门开启",司机进入司机室插入主控钥匙激活司机台,主控手柄拉至"FB"位,确认 ATO 模式可用投入 ATO 模式,确认广播全自动、上下行方向正确,进行站台作业,严格按照时刻表发车。

## 8.1.5  回场段作业

### (1)入转换轨作业

①回场/段列车终点站清客时,打开通道门确认客室乘客遗留情况,确认站台清客"好了"信号后,使用对讲机回复"清客好了",关闭双门,手指口呼"道岔直股/侧股,推荐速度有",口呼"ATO 发车",按压 ATO 发车按钮。

②列车运行至转换轨停车后,将模式转至 RM 模式后报信号楼。与信号楼联控后,确认 Xr/Xc 或 Sr/Sc 信号机开放,凭地面信号显示以 RM 模式限制速度(25 km/h)运行入车辆段(停车场)。

### (2)入库作业

列车转换轨动车前手指口呼确认地面信号显示及道岔位置,鸣笛动车,以 RM 模式限速运行至库门口一度停车标前,停稳后将手柄拉至 FB 位,手指口呼"一度停车,库门好,道口好",鸣笛限速 5 km/h 动车入库对标停车,列车停稳后收车。

### (3)收车作业

①在《列车状态记录卡》记录千米数,关闭司机室负载,施加停放制动,关闭主控钥匙,携带司机行车备品包及安全帽和状态卡换端。

②换端激活司机台后在《列车状态记录卡》记录状态卡千米数,关闭司机室负载,关闭客室照明,降下受电弓,关闭主控钥匙,断开蓄电池。

③带齐行车备品,锁好司机室侧门,报告信号楼:"信号楼,××车已在×道(×端)停稳,列车已做好防溜。"信号楼回复:"××车已在×道(×端)停稳,列车已做好防溜,信号楼收到。"

### 8.1.6　退勤作业

①到派班员处,归还所有行车备品在行车备品借用登记本上签字,交回《司机报单》《列车状态记录卡》,并说明列车状态。

②发生事件时,填写《行车事故(事件)报告》单,并交由车队长审核签字。

③派班员了解清楚《行车事故(事件)报告》,检查《司机手账》内容后,司机方可打指纹退勤。

④退勤后与派班员确认下个班使用的《运营时刻表》、运行交路、出勤时间及待乘房间号,并入住休息。

### 8.1.7　待乘

**(1)接收计划,按时休息**

①夜班退勤完毕后,按时到司乘公寓休息。

②高峰下线值乘司机办理退勤手续后,必须按时到公寓休息。

③在公寓管理员处签字确认后,入住房间。

**(2)叫班离寓**

①接到叫班电话,立即起床,洗漱完毕,在公寓管理员处签退,按规定时间离寓,到派班室办理出勤。

②高峰列车上线时,司机按照规定时间离寓,到派班室办理出勤。

# 项目九 安全应急常识

## 任务 9.1 运营列车应急常识

**(1)站台发生火灾**

①司机接车站发生火灾通知后,听从行调指挥,并做好乘客广播。

②如在区间,则立即将自动开门开关设置手动位置,按行调指示扣车或不停车通过失火车站。

**(2)列车在区间运行时发现区间火灾**

①确认起火位置、火势,并迅速向行调或就近车站报告。

②控制列车在到达着火区前停车,报告行调,根据现场情况将列车退回出发车站;不能及时停车时,应保持列车运行至前方车站。

③列车在到达着火区域前(或已过着火区域)在区间(隧道)不能运行,则应打开列车疏散门、梯,引导乘客往未着火区间(隧道)一侧车站方向疏散。

④列车在着火区域不能动车时,执行列车在区间(隧道)发生火灾的处理程序。

⑤列车到站后开启车门、屏蔽门,引导、疏散乘客,听从行调指挥。

**(3)列车在站台发生火灾**

①立即打开屏蔽门、车门。

②报告行调、车控室,并通知站台前往灭火,广播疏散乘客。

③听从事故处理主任的指挥。

④确认车况,按行调命令执行。

**(4)列车在区间运行时发现列车内火灾**

①确认起火位置、火势,并迅速向行调和就近车站报告。

②视情况保持运行至前方车站,并广播安抚乘客,引导乘客使用车上灭火器材进行灭火自救。如能运行到前方站台,则按列车在站台火灾应急处理执行。

③如车辆在区间(隧道)不能运行,司机应立即降弓,施加停放制动。按照行调的相关命令组织乘客疏散。

④确认列车无遗留乘客,根据需要撤离火灾现场。

**(5)列车在站内发生乘客按压紧急报警按钮**

①立即打开屏蔽门、车门。

②了解初步信息,并安抚乘客,做临时停车广播。

③报告车站,派人处理,并报告行调。

④利用对讲机了解车站人员处理情况。

⑤车站人员处理完毕后,司机确认"好了"信号,关屏蔽门、车门,动车。

⑥动车后,将具体情况报告行调。

**(6)列车在区间发生乘客按压紧急报警按钮**

①司机通过显示屏得知乘客报警信息,立即通过对讲与报警乘客进行通话,了解初步信息,安抚乘客。

②维持列车运行,并报告行调。

③列车进站时,立即通知车站派人前往处理。

④列车进站对标停稳后,立即打开屏蔽门、车门。

⑤利用对讲机通知车站处理。

⑥车站处理完毕后,确认"好了"信号,关门动车,动车后报告行调。

⑦动车后,将具体情况报告行调。

**(7)列车在站台接触网停电的处理流程**

①列车停稳后,立即打开屏蔽门、车门。

②报告行调、车站。

③降弓,施加停车制动,做好乘客广播。

④按行调的指示执行。

⑤若停电时间超过30 min,向行调建议清客,并关闭蓄电池,司机在驾驶室待令。

⑥如需清客,则按车站清客程序执行。

**(8)列车在区间接触网停电的处理**

①列车停稳后,立即打开屏蔽门、车门。

②报告行调、车站。

③降弓,施加停车制动,做好乘客广播。

④按行调的指示执行。

⑤若停电时间超过30 min,向行调建议清客,并关闭蓄电池,司机在驾驶室待令。

⑥如需清客,则按车站清客程序执行。

**(9)接触网异物的处理流程**

①司机发现接触网设备悬挂一般异物判断不影响行车时,加强瞭望,注意观察通过,并及时报告行调,待运营结束或利用行车间隔,由专业人员处置。

②司机发现接触网设备悬挂一般异物判断影响行车时,立即停车,播放临停广播,安抚乘客,并报告行调与相邻车站。

a.若列车在异物点前停车,司机得到行调准许进入轨行区命令后,穿戴荧光衣、安全帽进入轨行区。处理异物时,注意邻线来车,正确使用绝缘手套、异物杆,处理完毕及时报告行调。

b.若列车越过异物点,司机确定网压正常后报告行调,按行调命令限速 25 km/h 运行,待本列车通过故障点后提速至 40 km/h 运行至前方站,若有异常,立即采取停车措施;后续第一趟列车按行调命令限速 40 km/h 进入悬挂异物区间进行确认,如影响行车时,在故障点前停车进行处置。

c.司机发现邻线接触网设备悬挂一般异物后,立即报告行调与相邻车站,行调命令首趟进入故障区域列车司机限速 40 km/h 进行确认,影响行车时,司机停车处置。

d.本线处理异物时,邻线列车司机按照调度命令在对应故障点前 200 m 限速 25 km/h 通过,并加强瞭望,注意鸣笛,发现人员侵限等异常情况立即停车。

**(10)当列车在区间出现车门紧急解锁的处理程序**

①在信号保护下,司机发现车门紧急解锁,列车触发 EB。

②做好乘客广播,并报告行调。

③通过车辆屏确认紧急解锁的车门编号,并记录在手上。

④播放临时停车广播后,司机带上行车备品,锁好通道门到现场处理。

⑤到现场了解情况,并确认无乘客跳下车,将解锁车门复位。

⑥返回司机室确认车辆屏显示正常,确认"门关好"灯亮,动车后报告行调。

# 任务 9.2　运营列车应急广播用语

运营列车应急广播用语见表 9.1。

表 9.1　运营列车应急广播用语

| 序号 | 键 名 | 广播内容 | 播放频率及要求 |
|---|---|---|---|
| 1 | 临时停车 | 尊敬的各位乘客,现在是临时停车,请您稍候,不要触动车上的设备,不要靠近车门,不便之处,敬请原谅。 | 每 2 min 播放一次 |
| 2 | 再次启动 | 各位乘客请注意,列车将再次启动,请站好、扶稳。 | 启动前播放一次 |
| 3 | 部分屏蔽门打不开 | 本站有屏蔽门故障,请乘客从其他开启的屏蔽门/安全门下车,不便之处,敬请原谅! | 开门前播放一次 |
| 4 | 全部屏蔽门打不开 | 因屏蔽门/安全门故障,请乘客按屏蔽门/安全门上的指示操作开门把手,自行拉开屏蔽门/安全门下车,不便之处,敬请原谅! | 开门前播放一次 |

续表

| 序号 | 键名 | 广播内容 | 播放频率及要求 |
|---|---|---|---|
| 5 | 限速行车 | 各位乘客请注意,由于设备故障,现在实行限速行车,不便之处,敬请原谅。 | 每2 min播放一次 |
| 6 | 停车不开门 | 各位乘客请注意,由于特殊原因,本次列车在本站不开门,请本站下车的乘客在下一站下车,不便之处,敬请原谅,多谢合作! | 停车时播放,每2 min播放一次 |
| 7 | 不停站通过 | 非换乘站:"尊敬的乘客,由于运营需要,确保运营安全,本次列车在××站不停站通过,请需要在××站(被越站)下车的乘客选择就近车站下车。"<br>换乘站:"尊敬的乘客,由于运营需要,确保运营安全,本次列车在××站不停站通过,请需要在××站(被越站)下车及换乘××线的乘客选择就近车站下车。" | 被越站的前一站进站前连续人工广播两次<br>被越站的前一站开车后连续人工广播两次<br>通过被越站后连续人工广播两次 |
| 8 | 车门故障 | 各位乘客请注意,由于车门故障,为了您的安全,请不要靠近车门,多谢合作! | 列车在站启动后播放一次 |
| 9 | 列车故障在站清客 | 各位乘客请注意,由于设备故障,本次列车将退出服务,请全体乘客下车,对给您带来的不便,我们深表歉意。 | 连续播放直至清客完毕 |
| 10 | 退出服务 | 各位乘客请注意,由于特殊原因,本次列车将退出服务,全体乘客请下车,对给您带来的不便,我们深表歉意。 | 连续播放直至清客完毕 |
| 11 | 列车/设备故障持续停车 | 尊敬的各位乘客,由于列车/设备故障,现正在加紧抢修,请您耐心等候。不便之处,敬请原谅。 | 每2 min播放一次 |
| 12 | 列车发生火灾 | 各位乘客请注意,由于列车发生火情,请大家保持冷静,取出座位下的灭火器进行灭火,工作人员马上到现场协助处理。 | 连续播放 |
| 13 | 车站火灾 | 各位乘客请注意,由于车站发生火灾,请在该站下车的乘客到下一站下车,不便之处,敬请原谅! | 列车进站前/在站停车前播放一次 |
| 14 | 终点站人工清客广播 | 尊敬的各位乘客,本次列车终点站(××站)到了,请全体乘客携带行李物品下车,多谢合作! | 司机在终点站站台确认车门、屏蔽门开启后播报 |

# 任务 9.3　电客车司机救援程序

## 9.3.1　故障列车司机作业程序

救援流程
(故障车)作业

故障列车司机作业程序见表9.2。

表9.2　故障列车司机作业程序

| 序号 | 救援流程 |
|---|---|
| 1.汇报 | 报告行调故障列车的停车位置(联控用语:××站上/下行(××站至××站区间)××次司机呼叫行调,××车××故障) |
| 2.清客 | 若故障发生在车站,按行调命令清客;若故障发生在区间做临停广播,按行调命令要求执行 |
| 3.通信组 | 接到行调发布的救援命令后,司机自行将手持台转至临时工作组1频道进行通话 |
| 4.转模式 | 将模式开关2转换至NRM模式位,门模式开关打至手动开/手动关位,门选开关至"0"位,断开列车两端ATON5,司机换端作业无论有无乘客均应从客室通过,挂端打开近光灯和红闪灯进行防护(红闪灯状态为"红色闪烁") |
| 5.切制动 | 将操作端主控手柄置FB位,在连挂端指挥连挂(制动系统故障时,需切除J06阀;牵引系统故障时,不用切除J06阀)。<br>①既有车(0201—0222)制动系统故障或两个受电弓不能升起时,若在区间发生故障,待救援车与故障车连挂好后,降弓下车切除全部J06阀;若在车站,可在做好安全防护后降弓下车先切除靠站台侧的3辆车J06阀,等待救援,缩短救援时间,待救援车与故障车连挂好,再切除另一侧的J06阀(无论在区间还是站台,切除J06后必须确认闸瓦与轮对踏面分离,若总风压力小于600 kPa导致未分离,则通过停放制动拉环手动缓解停放制动)<br>②增购车(0223—0247)制动系统故障或两个受电弓不能升起且总风压力大于600 kPa时,若在区间发生故障,待救援车与故障车连挂好后,故障车司机在客室内切除J06阀,切除完成后,司机在ATI确认J06阀是否切除,如ATI上显示J06阀未切除的,降弓下车确认后切除;若在车站发生故障,在客室内切除非连挂端的3辆车J06阀,等待救援,缩短救援时间,待救援车与故障车连挂好,再切除连挂端的J06阀<br>③若增购车(0223—0247)制动系统故障或两个受电弓不能升起且总风压力小于600 kPa时,按照既有车规定执行 |
| 6.连挂 | 接到救援列车司机要求连挂通知,故障车司机撤除红闪灯后联控救援车司机连挂(联控用语:已做好防溜,可以连挂) |

| 序号 | 救援流程 |
|---|---|
| 7.缓解 | 配合试拉(若下车切除 J06 时需降下受电弓,待切除完所有 J06 后,需升起受电弓),"在 ATI 屏上确认所有截断塞门状态均为 OFF",所有停放制动压力开关状态为 OFF,则 J06 切除工作完成(此时,不参考 BC 压力显示值、ATI 界面显示停放制动图标和司机侧墙灯),确认所有空气制动已缓解,并通知救援车司机(联控用语:故障列车全部制动已缓解) |
| 8.救援运行 | 接到救援命令、救援目的地后,故障车司机不与行调复诵命令内容,只向行调回复"故障车司机收到",与救援车司机联系动车(联控用语见救援标准用语第 5 条)。若推进运行时,由故障车司机确认进路、道岔正确,信号已开放,指挥救援车司机动车,运行中不间断地瞭望,加强与救援车司机联系,发现异常立即通知救援车司机并采取停车措施。牵引运行时由救援列车司机负责确认列车进路 |
| 9.站台对位 | 对位清客。推进运行时故障车司机按三、二、一车距离限速指挥(8,5,3 km/h,联控用语见救援标准用语第 7 条)救援列车对位停车,距停车标低于"一车"时,故障车司机及时通知救援车司机 5 m、3 m、停车等指示。关门后通知救援列车司机动车(标准用语:故障列车车门已关闭,可以动车) |
| 10.停车 | 运行至指定地点对标停车后(推进运行时故障车司机按三、二、一车距离限速指挥对标停车),保持列车制动(制动系统故障时,恢复全部 J06)由故障车司机解钩后通知救援车司机 |
| 11.结束 | 报告行调,按行调指示执行(救援结束后及时恢复 ATON5) |

### 9.3.2 救援列车司机作业程序

救援列车司机作业程序见表 9.3。

救援流程
(救援车)作业

表 9.3 救援列车司机作业程序

| 序号 | 救援流程 |
|---|---|
| 1.汇报 | 接到行调的救援命令,确认故障列车的停车位置和相关行车注意事项,如需清客,通知站台清客(联控用语:接行调命令,××次列车在××站清客),按行调命令清客,清客完毕后关闭客室照明 |
| 2.通信组 | 接到行调发布的救援命令后,司机自行将手持台转至临时工作组 1 频道进行通话 |
| 3.模式 | 以 ATO 驾驶模式运行至推荐速度为 0 km/h 时,停车断开列车两端 ATON5,以 NRM 驾驶模式限速 25 km/h 运行至故障车前 15 m 一度停车;若非 CBTC 模式下,按行调指定模式限速 25 km/h 运行至故障车前 15 m 一度停车 |
| 4.停车 | 距故障车前 15 m 一度停车,联系故障车司机(联控用语:故障列车防溜是否做好,请求连挂),得到允许连挂的回复后,限速 5 km/h 运行至距故障列车前 3 m 一度停车 |

| 序号 | 救援流程 |
|------|----------|
| 5.挂车 | 确认故障车红闪灯撤除,以不超过 3 km/h 的速度平稳连挂 |
| 6.试拉 | 试拉确认两列车连挂好 |
| 7.动车条件 | 接到救援命令、救援目的地后与行调进行复诵,得到故障车司机具备动车条件的汇报后向行调申请动车(联控用语见救援标准用语第 6 条)。接到行调允许动车指令后,通知故障列车司机运行方向等注意事项,得到故障列车司机允许后动车。推进运行时,听从故障车司机指挥;牵引运行时,不间断瞭望,加强与故障车司机联系,发现异常立即采取停车措施 |
| 8.对位清客 | 救援车需在站清客时,按三、二、一车距离限速对标停车,对标准确后主控手柄 FB 位,不得再动车,得到故障车司机可动车的指示后继续运行 |
| 9.运行 | 在故障车的指示下以推进运行速度 30 km/h(牵引运行速度:40 km/h)限速运行,如入段/场时须先与信号楼联系开放入段信号后,在转换轨可以不用停车直接入段/场 |
| 10.停车 | 列车到达救援目的地过标停车位置的确认,在正线时,救援车司机与行调联系,行调在 ATS 上确认;在停车场/车辆段时,救援车司机与场/段信号楼联系,信号楼值班员在场/段联锁设备上确认列车位置 |
| 11.解钩 | 到达指定位置停稳后,故障列车司机进行解钩后。确认两列车解钩,离钩退行约30 cm 后停车,通知救援车司机已解钩 |
| 12.结束 | 离钩后按行调/场调命令执行(救援结束后及时恢复 ATON5) |

# 任务 9.4　应急处理

**(1)运营中发现隧道有人的处理程序**

①司机发现隧道有人,立即采取紧急制动。

②播放临时停车广播。

③初步判断情况(列车在撞人之前停车,列车头部已越过,列车已撞上人),并向行调报告有关情况。

④若列车已撞上人,听从事故处理主任的指挥执行。

⑤若列车未撞人,则按行调的指示,确认人员处于安全位置,限速(15 km/h)运行到前方车站。

**(2)列车在站台发生火灾时,司机如何应急处理程序**

①立即打开屏蔽门、车门。

②报告行调、车控室,并通知站台前往灭火,广播疏散乘客。

③听从事故处理主任的指挥。

④确认车况,按行调命令执行。

(3)列车在区间(隧道)运行时发生车厢发生火灾的应急处理程序

①确认起火位置、火势,并迅速向行调和就近车站报告。

②视情况保持运行至前方车站,并广播安抚乘客,引导乘客使用车上灭火器材进行灭火自救。如能运行到前方站台,则按列车在站台火灾应急处理执行。

③如车辆在区间(隧道)不能运行,司机应立即降弓,施加停放制动。按照行调的相关命令组织乘客疏散。

④确认列车无遗留乘客,根据需要撤离火灾现场。

(4)列车在区间发生乘客按压报警按钮的处理程序

①司机通过显示屏得知乘客报警信息,立即通过对讲与报警乘客进行通话,了解初步信息,安抚乘客。

②维持列车运行,并报告行调。

③列车进站时,立即通知车站派人前往处理。

④列车进站对标停稳后,立即打开屏蔽门、车门。

⑤利用对讲机通知车站处理。

⑥车站处理完毕后,确认"好了"信号,关门动车,动车后报告行调。

⑦动车后,将具体情况报告行调。

(5)列车在区间发生接触网停电时的处理程序

①尽量维持列车进站对标停车。

②报告行调,广播安抚乘客。

③立即打开车门屏蔽门,施加停车制动,将受电弓降弓按钮按下。

④向行调确认停电原因,如长时间停电则要关闭蓄电池。

⑤按行调的指示执行。

⑥若接行调命令接触网已带电可以升弓动车命令,司机升弓后,按行调命令动车。

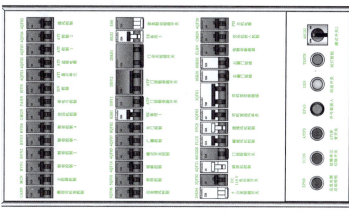

附 录

## 附录A　2号线司机台及控制柜

# 附录B 西安地铁2号线线路信号布置示意图

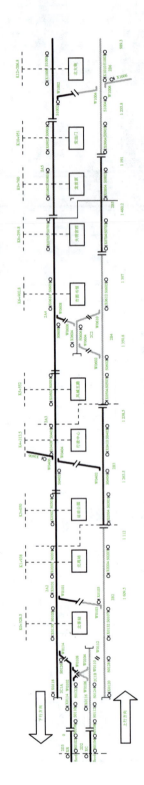

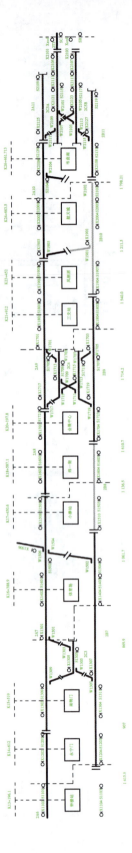